改訂版

聞いて覚える中国語単語帳

キクタン 中国語【初級編】

中検4級レベル

はじめに

「キクタン 中国語」シリーズとは

ベストセラー「キクタン」の中国語版

単語を聞いて覚える”「聞く」単語集”、すなわち「キクタン」。「キクタン」シリーズはアルクの英単語学習教材として始まりました。本シリーズは音楽のリズムに乗りながら楽しく語彙を学ぶ「チャンツ」という学習法を採用し、受験生からTOEIC® のスコアアップを狙う社会人まで、幅広いユーザーの支持を受けています。本書は、この「キクタン」をベースにした中国語の単語帳です。

中国語検定4級レベルや
HSK の3～4級レベルの単語と文型も
学習できる

改訂版では内容を一新し、過去数年間の中国語検定試験で使用されている語彙、外国人に対する中国語教育のために制定されたHSK（汉语水平考试）の語彙、中国語を扱った複数のコーパスを基礎データに中国語学習の入門時期に覚えて欲しい単語を588 語収録しました。また例文も日常生活ですぐに使える表現を中心に、基本的な文型を用いて作られており、入門者には最適な学習書となっています。

だから「ゼッタイに覚えられる」!

本書の4大特長

1 過去の中検問題を徹底分析

中国語検定試験で使用されている語彙、外国人に対する中国語教育のために制定されたHSK（汉语水平考试）の語彙、中国語を扱った複数のコーパスを基礎データに中国語学習の初級時期に覚えて欲しい単語を588語収録しました

2 「耳」と「目」をフル活用して覚える!

本書では音楽のリズムに乗りながら楽しく単語の学習ができる「チャンツ」を用意。「目」と「耳」から同時に単語をインプットし、さらに「口」に出していきます。また、日本人が苦手とするピンインや声調もチャンツで覚えることができます。

3 1日12語、7週間のスケジュール学習!

「ムリなく続けられること」を前提に、1日の学習語彙量を12語に設定しています。さらに7週間、49日間の「スケジュール学習」ですので、ペースをつかみながら効率的・効果的に語彙を身に付けていくことができます。音声にはチャンツだけでなく、例文の音声も収録しているので、音声を聞くだけでもしっかり学習できます。

4 ＋α語彙も充実!

本書では、このレベルで覚えたい語彙や中国語の知識も多数掲載しています。これから中国語を始めたい人から試験合格を目指す人まで、必要に合わせてご利用いただけます。

本書とダウンロード音声の利用法

1日の学習量は4ページ、学習語彙数は12語です。

見出し語

この日に学習する12語がピンインと一緒に掲載されています。
✎は、日本の漢字と形が違うものを表しています。

定義

赤字は最も一般的に用いられる定義です。チャンツ音声ではこの赤字を読み上げています。
定義の前に表示されている記号の意味は次のようになります。

名 名詞　動 動詞　形 形容詞
副 副詞　量 量詞　代 代詞
助 助詞　助動 助動詞　接 接続詞（連詞）
前 前置詞（介詞）

Tips

見出し語や中国語、中国事情などについて「ちょっと知っておきたいこと」をまとめました。学習の参考にしてください。

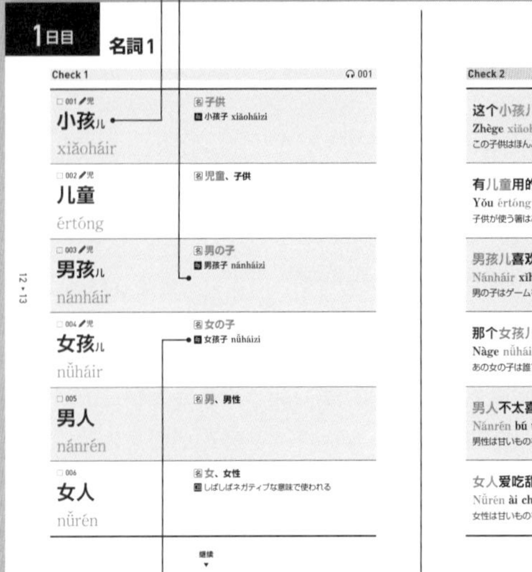

1日目　名詞1

子供に"阿姨"と言われても気を悪くしないように。

Check 1　001

001 ✎児 小孩儿 xiǎoháir	名 子供 / 小孩子 xiǎoháizi
002 ✎児 儿童 értóng	名 児童、子供
003 ✎児 男孩儿 nánháir	名 男の子 / 男孩子 nánháizi
004 ✎児 女孩儿 nǚháir	名 女の子 / 女孩子 nǚháizi
005 男人 nánrén	名 男、男性
006 女人 nǚrén	名 女、女性 / しばしばネガティブな意味で使われる

継続

Check 2　050

这个小孩儿真可爱！
Zhège xiǎoháir zhēn kě'ài!
この子供はほんとうにかわいいですね！

有儿童用的筷子吗？
Yǒu értóng yòng de kuàizi ma?
子供が使う箸はありますか。

男孩儿喜欢打游戏。
Nánháir xǐhuan dǎ yóuxì.
男の子はゲームをするのが好きです。

那个女孩儿是谁？
Nàge nǚháir shì shéi?
あの女の子は誰ですか。

男人不太喜欢甜的东西。
Nánrén bú tài xǐhuan tián de dōngxi.
男性は甘いものを食べるのがあまり好きではありません。

女人爱吃甜的。
Nǚrén ài chī tián de.
女性は甘いものを好んで食べます。

継続

語注

よく使うフレーズや関連語、よくつく量詞、注意すべき点などを掲載しています。記号の意味は次のようになります。

- 関連語や追加の解説など
- 同一の漢字で、複数読み方があるもの
- 聞き間違えやすい同音異義語
- 同義語
- 反義語
- 日本語と同じ漢字でも意味・用法が違うため、注意すべき語彙
- 見出し語に対応する量詞

本書のピンイン表記について

① 原則として《現代漢語詞典》(商務印書館)の第七版に基づいています。
② "一"、"不"は変調後の発音表記にしています。
③ 3声が連続する場合の声調の変化については、本来の声調で表記しました。
④《現代漢語詞典》で声調がついていても、軽声で発音するのが普通で、場合によって本来の声調で発音されるものについては軽声で表示します。
⑤ "没有"は動詞の場合は méiyǒu 、副詞の場合は méiyou と表記します。

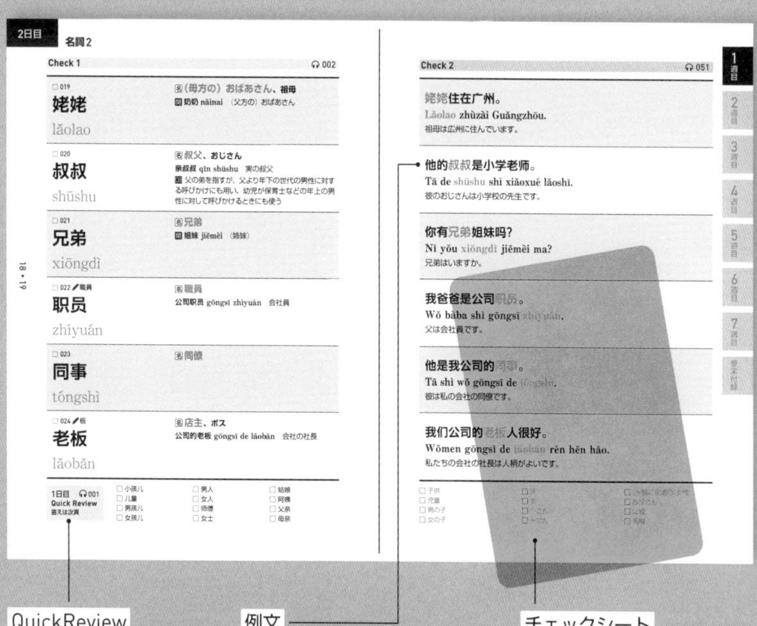

QuickReview

前日に学習した語彙のチェックリストです。左ページに中国語、右ページに日本語を掲載しています。日本語は赤シートで隠すことができます。

例文

見出し語と派生語を含む中国語の例文と日本語訳を掲載しています。よく使われる表現を選び、自然な中国語になるようにしていますので、少しレベルの高い語彙を含む文を採用しているものもあります。

チェックシート

本書にはチェックシートが付属しています。本文の赤字部分を隠し、単語やピンインを覚える際に活用してください。

1日の学習量は4ページ。学習単語数は 12 語となっています。
1つの見出し語につき、定義を学ぶ「Check 1」、
例文の中で単語を学ぶ「Check 2」があります。
まずは「チャンツ音楽」のリズムに乗りながら、
見出し語と定義を「耳」と「目」で押さえましょう。
Check1 では定義とピンインが身に付いているか、
Check2 では訳を参照しながら、隠されている語が
すぐに浮かんでくるかを確認しましょう。

Check1

該当のトラックを呼び出し、見出し語とその意味をチェック!
まずはしっかり単語を覚えましょう。

Check2

見出し語を含む例文をチェック!
実践的な例に触れることで、理解度が高まります。

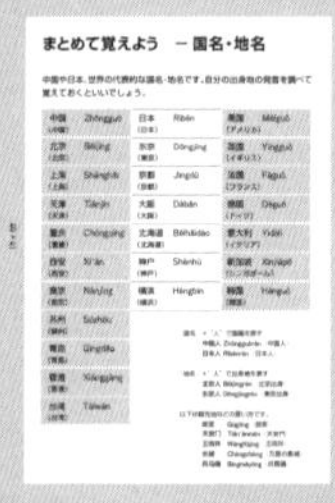
まとめて覚えよう　ー国名・地名

まとめて覚えよう！

テーマ別に学習したほうが覚えやすい・使いやすい単語を1週間に1つのテーマでまとめています。

巻末付録

中国語学習に役立つ、「4級レベルで覚えたい 方位詞・量詞・数詞・パターン表現」を掲載しています。基礎固めに利用してください。

おすすめの学習モード

見出し語だけを聞く「チャンツモード」
学習時間：2 分

忙しいときには Check 1の「チャンツ音楽」を聞き流すだけでもOK!　できれば、チャンツを聞いた後にマネして発音してみましょう。

見出し語も例文も聞く「しっかりモード」
学習時間：8 分

やるからにはしっかり取り組みたい人は、Check 1の「チャンツ音楽」と Check 2の「例文音声」、どちらも学習しましょう。例文も声に出してみることで、定着度がアップします。正しい発音や声調を意識して「音読」してみてください。余裕のあるときは、語注の内容もしっかり押さえましょう。

音声の構成

本書では「見出し語」（チャンツ）と「例文」の音声は以下のような構成になっています。

見出し語

チャンツに乗せて「中国語　→　日本語（定義）　→中国語」のパターンで読んでいます。

例文

読み上げ音声を「中国語の見出し語　→日本語（定義）→　中国語例文」のパターンで収録しています。（チャンツ形式ではありません）

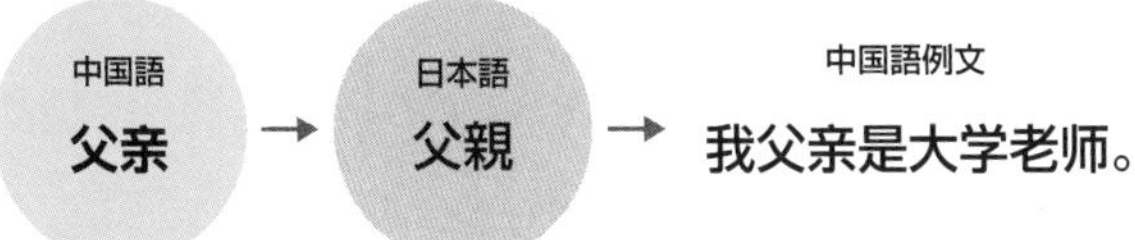

中国語例文

我父亲是大学老师。

その他、「方位詞・量詞・数詞」「パターン表現」部分の音声も収録されていますので、ぜひご活用ください。

音声ダウンロードについて

本書の音声は無料でダウンロードしていただけます。商品コードは「7021032」。

パソコンの場合

以下の URL で「アルク・ダウンロードセンター」にアクセスの上、画面の指示に従って、音声ファイルをダウンロードしてください。
【URL】https://portal-dlc.alc.co.jp/

スマホの場合

QR コードから学習用アプリ「booco」をインストール（無料）の上、ホーム画面下「さがす」から本書を検索し、音声ファイルをダウンロードしてください。
【URL】https://booco.page.link/4zHd

※本サービスの内容は、予告なく変更する場合がございます。あらかじめご了承ください。

中検について

「中検」は、「中国語検定試験」の略称で、日本中国語検定協会によって実施されている、主に日本語を母語とする中国語学習者を対象に中国語の学習到達度を測定する試験です。1981 年秋に第1 回中国語検定試験が実施されて以降、評価基準、評価方法に検討が加えられ、今日まで回を重ねてきました。

4 級合格の認定基準

4級試験は、「中国語学習の基礎をマスター」しているかどうかに基準が置かれています。
このレベルに到達するための学習時間は 120 ～ 200 時間で、一般大学の第二外国語における第一年度履修程度とされています。
出題内容は、以下のように定められています。

- 発音（ピンイン表記）及び単語の意味
- 常用語 500 ～ 1,000 による単文の日本語訳・中国語訳

4 級に合格すれば、
平易な中国語を聞き，
話すことができるレベルと
言えるでしょう。

※詳しい情報については下記にお問い合わせください。

一般財団法人 日本中国語検定協会

〒103-8468 東京都中央区東日本橋2-28-5 協和ビル
電話番号：03-5846-9751　メールアドレス：info@chuken.gr.jp
ホームページ：http://www.chuken.gr.jp

目次

1日12語、7週間で中国語検定4級レベルの588語をマスター!

1週目
[1日目～7日目] ▸ 11
まとめて覚えよう
国名・地名

2週目
[8日目～14日目] ▸ 41
まとめて覚えよう
中国人の名前

3週目
[15日目～21日目] ▸ 71
まとめて覚えよう
日本人の名前

4週目
[22日目～28日目] ▸ 101
まとめて覚えよう
敬称

5週目
[29日目～35日目] ▸ 131
まとめて覚えよう　呼びかけ

6週目
[36日目～42日目] ▸ 161
まとめて覚えよう　度量衡

7週目
[43日目～49日目] ▸ 191
まとめて覚えよう　接尾辞

はじめに ▸ 2
本書の4大特長 ▸ 3
本書とダウンロード音声の利用法 ▸ 4
音声の構成 ▸ 7
中国語検定試験について ▸ 8
巻末付録　4級レベルで覚えたい
方位詞・量詞・数詞・パターン表現 ▸ 221
索引 ▸ 238

キクタン中国語

1 週目

✓学習したらチェック!

- ■ 1日目 名詞 1
- ■ 2日目 名詞 2
- ■ 3日目 名詞 3
- ■ 4日目 名詞 4
- ■ 5日目 形容詞 1
- ■ 6日目 動詞 1
- ■ 7日目 動詞 2

中国語で言ってみよう!

運転手さん、北京駅まで行ってください。

(答えは 007)

1日目 名詞1

Check 1 🎧001

□ 001 ✎児
小孩儿
xiǎoháir
名 子供
≒ 小孩子 xiǎoháizi

□ 002 ✎児
儿童
értóng
名 児童、子供

□ 003 ✎児
男孩儿
nánháir
名 男の子
≒ 男孩子 nánháizi

□ 004 ✎児
女孩儿
nǚháir
名 女の子
≒ 女孩子 nǚháizi

□ 005
男人
nánrén
名 男、男性

□ 006
女人
nǚrén
名 女、女性
📖 しばしばネガティブな意味で使われる

继续
▼

子供に"阿姨"と言われても気を悪くしないように。

Check 2 050

这个小孩儿真可爱!
Zhège xiǎoháir zhēn kě'ài!
この子供はほんとうにかわいいですね!

有儿童用的筷子吗?
Yǒu értóng yòng de kuàizi ma?
子供が使う箸はありますか。

男孩儿喜欢打游戏。
Nánháir xǐhuan dǎ yóuxì.
男の子はゲームをするのが好きです。

那个女孩儿是谁?
Nàge nǚháir shì shéi?
あの女の子は誰ですか。

男人不太喜欢甜的东西。
Nánrén bú tài xǐhuan tián de dōngxi.
男性は甘いものがあまり好きではありません。

女人爱吃甜的。
Nǚrén ài chī tián de.
女性は甘いものを好んで食べます。

继续
▼

名詞1

Check 1 001

□ 007 ✎師

师傅

shīfu

名 ～さん

📖 技術を持つ男性に対する丁寧な呼びかけ

□ 008

女士

nǚshì

名 ～さん、女史

杨女士 Yáng nǚshì　楊さん

📖 女性への一般的な敬称

□ 009

姑娘

gūniang

名（一般に未婚の）女性、娘

□ 010

阿姨

āyí

名 おばさん

📖 一世代上の女性に対して、呼びかけに使う
幼児が保育士などの年上の女性に対して、呼びかけるときにも使う

□ 011 ✎親

父亲

fùqin

名 父親

📖 書き言葉に多く使われ、"**爸爸**"と異なり呼びかけには用いない

□ 012 ✎親

母亲

mǔqin

名 母親

📖 書き言葉に多く使われ、"**妈妈**"と異なり呼びかけには用いない

Check 2

050

师傅，请去北京站。

Shīfu, qǐng qù Běijīng zhàn.

運転手さん、北京駅まで行ってください。

女士们，先生们！舞会现在开始。

Nǚshìmen, xiānshengmen! Wǔhuì xiànzài kāishǐ.

紳士、淑女の皆さん、ただいまからダンスパーティーを始めます。

她是一个可爱的姑娘。

Tā shì yí ge kě'ài de gūniang.

彼女はかわいい娘さんです。

阿姨好，我是小李的同学。

Āyí hǎo, wǒ shì Xiǎo-Lǐ de tóngxué.

おばさん、こんにちは、私は李さんのクラスメートです。

他父亲是大学老师。

Tā fùqin shì dàxué lǎoshī.

彼のお父さんは大学の先生です。

我母亲在公司上班。

Wǒ mǔqin zài gōngsī shàngbān.

私の母親は会社で働いています。

名詞2

Check 1 　🎧 002

□ 013
父母
fùmǔ

名 **両親、父母**
年老的父母 niánlǎo de fùmǔ　年老いた両親

□ 014 ✎愛
爱人
àiren

! 名 **夫、妻（配偶者）**
我爱人 wǒ àiren　私の夫 / 妻

□ 015
丈夫
zhàngfu

! 名 **夫**

□ 016
妻子
qīzi

名 **妻**

□ 017
太太
tàitai

名 **奥さん**
李太太 Lǐ tàitai　李さんの奥さん
📖 **太太** tàitai：既婚女性に対する敬称、夫の姓の後につける　**老婆** lǎopo：口語でよく用いる　**妻子** qīzi："**丈夫** zhàngfu"「夫」に対して、「妻」

□ 018 ✎爺
姥爷
lǎoye

名 **（母方の）おじいさん、祖父**
関 **爷爷** yéye　（父方の）おじいさん
📖 "**老爷**" lǎoye とも言う

继续
▼

"爱人"というと驚くかもしれませんが、文字通り「愛する人」で夫・妻という意味です！

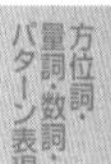

Check 2

051

他父母都是医生。
Tā fùmǔ dōu shì yīshēng.
彼の両親はどちらも医者です。

我爱人现在不在家。
Wǒ àiren xiànzài bú zài jiā.
妻（夫）は今、家にいません。

那位先生是她的丈夫。
Nà wèi xiānsheng shì tā de zhàngfu.
あの方が彼女のご主人です。

我妻子会说英语。
Wǒ qīzi huì shuō Yīngyǔ.
私の妻は英語が話せます。

李先生的太太是哪里人?
Lǐ xiānsheng de tàitai shì nǎli rén?
李さんの奥さんはどちらの出身ですか。

我姥爷爱看京剧。
Wǒ lǎoye ài kàn jīngjù.
私の祖父は京劇を見るのが好きです。

继续
▼

名詞2

Check 1 002

□ 019
姥姥
lǎolao

名 （母方の）おばあさん、祖母
関 奶奶 nǎinai　（父方の）おばあさん

□ 020
叔叔
shūshu

名 叔父、おじさん
亲叔叔 qīn shūshu　実の叔父
父の弟を指すが、父より年下の世代の男性に対する呼びかけにも用い、幼児が保育士などの年上の男性に対して呼びかけるときにも使う

□ 021
兄弟
xiōngdì

名 兄弟
関 姐妹 jiěmèi　（姉妹）

□ 022 職員
职员
zhíyuán

名 職員
公司职员 gōngsī zhíyuán　会社員

□ 023
同事
tóngshì

名 同僚

□ 024 板
老板
lǎobǎn

名 店主、ボス
公司的老板 gōngsī de lǎobǎn　会社の社長

1日目 001
Quick Review
答えは次頁

□ 小孩儿	□ 男人	□ 姑娘
□ 儿童	□ 女人	□ 阿姨
□ 男孩儿	□ 师傅	□ 父亲
□ 女孩儿	□ 女士	□ 母亲

Check 2 051

姥姥住在广州。
Lǎolao zhùzài Guǎngzhōu.
祖母は広州に住んでいます。

他的叔叔是小学老师。
Tā de shūshu shì xiǎoxué lǎoshī.
彼のおじさんは小学校の先生です。

你有兄弟姐妹吗?
Nǐ yǒu xiōngdì jiěmèi ma?
兄弟はいますか。

我爸爸是公司职员。
Wǒ bàba shì gōngsī zhíyuán.
父は会社員です。

他是我公司的同事。
Tā shì wǒ gōngsī de tóngshì.
彼は私の会社の同僚です。

我们公司的老板人很好。
Wǒmen gōngsī de lǎobǎn rén hěn hǎo.
私たちの会社の社長は人柄がよいです。

- □ 子供
- □ 児童
- □ 男の子
- □ 女の子
- □ 男
- □ 女
- □ ～さん
- □ ～さん
- □ (一般に未婚の)女性
- □ おばさん
- □ 父親
- □ 母親

名詞3

Check 1

003

□ 025 ✎師
教师
jiàoshī

名 **教師**
大学教师 dàxué jiàoshī　大学の先生
📖 **"老师"**に比べ正式な言い方になり、呼びかけには使えない　関 **家庭教师** jiātíng jiàoshī（家庭教師）⇒**家教** jiājiào

□ 026 ✎員
演员
yǎnyuán

名 **俳優、役者**
电影演员 diànyǐng yǎnyuán　映画俳優

□ 027
工人
gōngrén

名 **労働者**
📖 工場などで働く肉体労働者を指す

□ 028 ✎乗
乘客
chéngkè

名 **乗客**

□ 029 ✎師
律师
lǜshī

名 **弁護士**

□ 030
警察
jǐngchá

名 **警察官、警察**

继续
▼

"早上"と"早晨"はどちらも日の出から朝8時過ぎまでの時間帯を指しますが、"早上好"は言えても、"早晨好"は言えません。

Check 2

052

她是我的家庭教师。
Tā shì wǒ de jiātíng jiàoshī.
彼女は私の家庭教師です。

我想当电影演员。
Wǒ xiǎng dāng diànyǐng yǎnyuán.
私は映画俳優になりたいです。

他年轻的时候是工人。
Tā niánqīng de shíhou shì gōngrén.
彼は若いころ労働者でした。

车上有二十名乘客。
Chē shang yǒu èrshí míng chéngkè.
車には 20 人の乗客がいます。

我想当一名律师。
Wǒ xiǎng dāng yì míng lǜshī.
私は弁護士になりたいです。

有警察吗?
Yǒu jǐngchá ma?
警察官はいますか。

继续
▼

名詞3

Check 1

🎧 003

□ 031

早晨

zǎochen

名 **朝**

早晨六点 zǎochen liù diǎn　朝6時

≒ **早上** zǎoshang

□ 032 ✎晩

傍晚

bàngwǎn

名 **夕方**

□ 033 ✎鐘頭

钟头

zhōngtóu

名 **時間**

三个钟头 sān ge zhōngtóu　3時間

≒ **小时** xiǎoshí

📖 "**小时**"は話し言葉と書き言葉の両方で使われるが、"**钟头**"は主に話し言葉で使われる

□ 034 ✎現

现代

xiàndài

名 **現代**

形 近代的な

⇔ **古代** gǔdài（古代）　関 **当代** dāngdài（現代）

📖 "**现代**"は1919年の五四運動から現在までを指す

□ 035

未来

wèilái

名 **未来、将来**

形 今からの

⇔ **过去** guòqù（過去）

□ 036 ✎将

将来

jiānglái

名 **将来、未来**

⇔ **现在** xiànzài（現在）

2日目 🎧 002
Quick Review
答えは次頁

□ 父母	□ 太太	□ 兄弟
□ 爱人	□ 姥爷	□ 职员
□ 丈夫	□ 姥姥	□ 同事
□ 妻子	□ 叔叔	□ 老板

Check 2

052

我每天早晨六点起床。
Wǒ měi tiān zǎochen liù diǎn qǐchuáng.
私は毎朝6時に起きます。

我们明天傍晚去看电影。
Wǒmen míngtiān bàngwǎn qù kàn diànyǐng.
私たちは明日の夕方映画を見に行きます。

会议开了四个钟头。
Huìyì kāile sì ge zhōngtóu.
会議は4時間に及びました。

现代科学发展得很快。
Xiàndài kēxué fāzhǎnde hěn kuài.
現代科学は発展が速いです。

谁也不知道未来是什么样。 Shéi yě bù zhīdào wèilái shì shénmeyàng.
誰も未来がどんなだか知りません。

未来两天都会下雨。 **Wèilái liǎng tiān dōu huì xiàyǔ.**
これから2日間は雨が降るでしょう。

你将来想做什么工作？
Nǐ jiānglái xiǎng zuò shénme gōngzuò?
あなたは将来どんな仕事をしたいですか。

- [ ] 両親
- [ ] 夫、妻(配偶者)
- [ ] 夫
- [ ] 妻
- [ ] 奥さん
- [ ] (母方の)おじいさん
- [ ] (母方の)おばあさん
- [ ] 叔父
- [ ] 兄弟
- [ ] 職員
- [ ] 同僚
- [ ] 店主

名詞4

Check 1 004

□ 037

目前

mùqián

! 名 目下、現在

到目前为止 dào mùqián wéizhǐ 現在に至るまで

□ 038 従

从前

cóngqián

名 以前、これまで

□ 039 後

后来

hòulái

名 その後

関 以后 yǐhòu（以後）

過去のことにしか使えない

□ 040 今後

今后

jīnhòu

名 今後

□ 041 後

最后

zuìhòu

名 最後

□ 042 天

半天

bàntiān

名 半日、長い時間

主観的に長い時間を指すが、実際には長くないこともある

继续
▼

《后来》という多くの中国人が知っている日本の歌のカバー曲があります。誰が歌っていた曲か分かりますか。

Check 2

053

目前还没有什么好消息。
Mùqián hái méiyǒu shénme hǎo xiāoxi.
現在のところまだ何も良い知らせはありません。

从前这里有一条河。
Cóngqián zhèli yǒu yì tiáo hé.
以前ここには川がありました。

那件事后来怎么样了?
Nà jiàn shì hòulái zěnmeyàng le?
あの件はその後どうなったのですか。

我今后一定努力工作。
Wǒ jīnhòu yídìng nǔlì gōngzuò.
私は今後必ず頑張って仕事をします。

最后我们决定明年去中国旅游。
Zuìhòu wǒmen juédìng míngnián qù Zhōngguó lǚyóu.
最終的に私たちは来年中国に旅行に行くことを決めました。

今天我休息半天。
Jīntiān wǒ xiūxi bàntiān.
今日私は半日休みます。

继续
▼

名詞4

Check 1 004

□ 043 時

平时

píngshí

名 普段、日ごろ、平素

□ 044

平常

píngcháng

名 普段、日ごろ、平素
形 普通である、ありふれている
話し言葉で使う

□ 045 週

周末

zhōumò

名 週末
这个周末 zhège zhōumò　今週末

□ 046 時

同时

tóngshí

名 同時、同じ時
接 同時に、その上

□ 047

日子

rìzi

名 日、暮らし

□ 048

日程

rìchéng

名 日程、スケジュール
日程表 rìchéng biǎo　スケジュール表

3日目 003
Quick Review
答えは次頁

□ 教师
□ 演员
□ 工人
□ 乘客
□ 律师
□ 警察
□ 早晨
□ 傍晚
□ 钟头
□ 现代
□ 未来
□ 将来

Check 2

053

你平时怎么吃饭？
Nǐ píngshí zěnme chī fàn?
あなたは普段どうやって食事をしますか。

这条街平常人很多。
Zhè tiáo jiē píngcháng rén hěn duō.
この通りは普段は人が多いです。

周末我们去看比赛。
Zhōumò wǒmen qù kàn bǐsài.
週末に私たちは試合を見に行きます。

我们是同时出发的。 **Wǒmen shì tóngshí chūfā de.**
私たちは同時に出発したのです。

路很远，同时天气又不好。 **Lù hěn yuǎn, tóngshí tiānqì yòu bù hǎo.**
道は遠いし、その上天気も悪いです。

今天是什么日子？ **Jīntiān shì shénme rìzi?**
今日は何の日ですか。

现在的日子比以前好多了。 **Xiànzài de rìzi bǐ yǐqián hǎo duō le.**
今の暮らしは、以前よりずっとよくなりました。

会议日程已经安排好了。
Huìyì rìchéng yǐjīng ānpáihǎo le.
会議のスケジュールはすでに手配済みです。

- □ 教師
- □ 俳優
- □ 労働者
- □ 乗客
- □ 弁護士
- □ 警察官
- □ 朝
- □ 夕方
- □ 時間
- □ 現代
- □ 未来
- □ 将来

形容詞1

Check 1

005

□ 049

美

měi

形 美しい、きれいである

□ 050 ✎麗

美丽

měilì

形 美しい、きれいである

美丽的风景 měilì de fēngjǐng 美しい風景

“漂亮”、“好看”に比べ書面語的で、自然や女性の美しさを表す

□ 051

棒

bàng

! 形（能力や成績が）素晴らしい

□ 052

了不起

liǎobuqǐ

形（人物や作品などが）素晴らしい

□ 053 ✎偉

伟大

wěidà

形 偉大である

□ 054 ✎優

优秀

yōuxiù

形 優秀である、優れている

优秀人才 yōuxiù réncái 優秀な人材

继续
▼

中国版Twitterといわれる"微博 Wēibó"では、相手を褒める「いいね！」は"赞 zàn"、「フォローする」は"关注 guānzhù"と言います。

Check 2

054

这里的风景真美。
Zhèli de fēngjǐng zhēn měi.
ここの風景はほんとうに美しいです。

苏州是一个美丽的城市。
Sūzhōu shì yí ge měilì de chéngshì.
蘇州は美しい都市です。

我哥哥唱歌唱得特别棒。
Wǒ gēge chàng gē chàngde tèbié bàng.
兄は歌を歌うのがとりわけ上手です。

你真了不起。
Nǐ zhēn liǎobuqǐ.
あなたはほんとうに素晴らしい。

人民是最伟大的。
Rénmín shì zuì wěidà de.
人民は最も偉大です。

他是一名优秀的演员。
Tā shì yì míng yōuxiù de yǎnyuán.
彼は優秀な俳優です。

继续
▼

形容詞1

Check 1

🎧 005

□ 055 ✏幹
能干
nénggàn
形 能力がある、仕事がよくできる

□ 056 ✏厳
严重
yánzhòng
! 形 深刻である、ひどい
病気や災害など好ましくないことの程度がひどい

□ 057 ✏厳
严格
yángé
形 厳しい
严格的规定 yángé de guīdìng　厳しいルール
動 厳しくする、厳格にする
規則や基準に対して厳しい

□ 058
友好
yǒuhǎo
形 友好的である
中日友好 zhōngrì yǒuhǎo　日中友好

□ 059 ✏適
合适
héshì
形 ちょうどよい、ぴったりである

□ 060
有用
yǒuyòng
形 役に立つ

4日目 🎧 004
Quick Review
答えは次頁

□ 目前	□ 最后	□ 周末
□ 从前	□ 半天	□ 同时
□ 后来	□ 平时	□ 日子
□ 今后	□ 平常	□ 日程

Check 2

054

她很能干。

Tā hěn nénggàn.

彼女は仕事がよくできます。

他的病很严重。

Tā de bìng hěn yánzhòng.

彼の病気は重いです。

这位老师很严格。

Zhè wèi lǎoshī hěn yángé.

この先生は厳しいです。

日本朋友对我们非常友好。

Rìběn péngyou duì wǒmen fēicháng yǒuhǎo.

日本人の友達は私たちに非常に友好的です。

这双鞋她穿着正合适。

Zhè shuāng xié tā chuānzhe zhèng héshì.

この靴は彼女にぴったりです。

这本书很有用。

Zhè běn shū hěn yǒuyòng.

この本は役に立ちます。

- ☐ 目下
- ☐ 以前
- ☐ その後
- ☐ 今後
- ☐ 最後
- ☐ 半日
- ☐ 普段
- ☐ 普段
- ☐ 週末
- ☐ 同時
- ☐ 日
- ☐ 日程

動詞1

Check 1

🎧 006

□ 061
推
tuī

動 **押す**
推门 tuī mén　（ドアを）押して開ける

□ 062
拉
lā

動 **（弦楽器を弓で）弾く、（ドアやカーテンを）引く、引っ張る**
拉大提琴 lā dàtíqín　チェロを弾く
拉上窗帘 lāshang chuānglián　カーテンを(引いて)閉める

□ 063 ✎挙
举
jǔ

動 **持ち上げる、（手や足を）挙げる**

□ 064
擦
cā

動 **こする、拭き取る**
擦脸 cā liǎn　顔を拭く
擦泪 cā lèi　涙を拭く

□ 065
装
zhuāng

動 **（ポケットや容器などに）入れる、つめる、組み立てる**
装袋 zhuāng dài　袋詰めする

□ 066
脱
tuō

動 **脱ぐ、逃れる、脱する**
脱衣服 tuō yīfu　服を脱ぐ
脱困境 tuō kùnjìng　苦境を脱する

继续
▼

店のドアには“推”や“拉”と書かれています。「押す」と「引く」を間違えないように！

Check 2

055

她推着自行车在路上走。
Tā tuīzhe zìxíngchē zài lùshang zǒu.
彼女は自転車を押して歩いています。

我姐姐二胡拉得很好。
Wǒ jiějie èrhú lāde hěn hǎo.
姉は二胡を弾くのがうまいです。

举起酒杯，干杯！ **Jǔqi jiǔbēi, gānbēi!**
グラスを持ち上げて、乾杯！

有问题的人请举手。 **Yǒu wèntí de rén qǐng jǔ shǒu.**
質問のある人は手を挙げてください。

我的车和他的车擦了一下。 **Wǒ de chē hé tā de chē cāle yíxià.**
私の車は彼の車とちょっとこすれました。

用毛巾擦擦脸上的汗吧。 **Yòng máojīn cāca liǎn shang de hàn ba.**
タオルで顔の汗を拭きなさい。

东西都装好了吧？
Dōngxi dōu zhuānghǎo le ba?
ものは全部入れたでしょ？

在日本，房间里要脱鞋。
Zài Rìběn, fángjiān li yào tuō xié.
日本では、部屋の中で靴を脱がなくてはなりません。

继续
▼

動詞1

Check 1 🎧006

□ 067 ✎貼

贴

tiē

動 **貼る、張りつける**

贴膜 tiē mó （ディスプレイなどに）シールやフィルムを貼る

□ 068

丢

diū

動 **なくす、捨てる、いなくなる**

丢东西 diū dōngxi 物をなくす

丢垃圾 diū lājī ゴミを捨てる

□ 069

吵

chǎo

動 **騒ぐ、わめく**

□ 070

起

qǐ

動 **起きる、起き上がる、起こる、発生する**

起风 qǐ fēng 風が起こる

起作用 qǐ zuòyòng 効果が現れる

□ 071

醒

xǐng

動 **目が覚める、意識を取り戻す**

□ 072 ✎夢

做梦

zuò▾mèng

動 **夢を見る**

5日目 🎧005
Quick Review
答えは次頁

□ 美
□ 美丽
□ 棒
□ 了不起
□ 伟大
□ 优秀
□ 能干
□ 严重
□ 严格
□ 友好
□ 合适
□ 有用

Check 2

055

这封信要贴多少钱的邮票?
Zhè fēng xìn yào tiē duōshao qián de yóupiào?
この手紙はいくらの切手を貼らないといけませんか。

我的词典丢了。
Wǒ de cídiǎn diū le.
私の辞書がなくなりました。

外面在吵什么? **Wàimiàn zài chǎo shénme?**
外では何を騒いでいるのですか。

你吵什么? **Nǐ chǎo shénme?**
あなたは何をわめいているのですか。

小张每天起得很早。
Xiǎo-Zhāng měi tiān qǐde hěn zǎo.
張さんは毎日起きるのが早いです。

他昨晚睡得晚，现在还没醒呢。
Tā zuówǎn shuìde wǎn, xiànzài hái méi xǐng ne.
彼はゆうべ寝るのが遅かったので、今はまだ起きていません。

我最近常常做梦。
Wǒ zuìjìn chángcháng zuòmèng.
私は最近よく夢を見ます。

- □ 美しい
- □ 美しい
- □ (能力や成績が)素晴らしい
- □ (人物や作品などが)素晴らしい
- □ 偉大である
- □ 優秀である
- □ 能力がある
- □ 深刻である
- □ 厳しい
- □ 友好的である
- □ ちょうどよい
- □ 役に立つ

動詞2

Check 1

🎧 007

□ 073

刷

shuā

! 動 (はけ・ブラシなどで) こする、はく

刷锅 shuā guō　鍋を洗う
刷鞋 shuā xié　靴を磨く
刷卡 shuā kǎ　カードを使う

□ 074 ✎牙

刷牙

shuā yá

動 歯を磨く

刷一次牙 shuā yí cì yá　歯を1回磨く
関 **牙刷** yáshuā（歯ブラシ）

□ 075 ✎掃

打扫

dǎsǎo

動 掃除する

□ 076

抽

chōu

動 吸う、(間に挟まれたものを) 引き出す

抽时间 chōu shíjiān　時間を割く

□ 077 ✎煙

抽烟

chōu▼yān

動 タバコを吸う

抽一支烟 chōu yì zhī yān　タバコを1本吸う
≒ **吸烟** xī yān

□ 078 ✎幇

帮

bāng

動 手伝う、助ける

≒ **帮忙** bāng▼máng、**帮助** bāngzhù
区 "**帮忙**" は人の行動に対する手助け、"**帮助**" は金銭的、抽象的なことに対する手助けに使い、"**帮**" はどちらにも使える

继续
▼

中国語では「歯磨き」をひっくり返せば「歯ブラシ」に。

Check 2

056

我的运动鞋脏了，要刷一下。

Wǒ de yùndòngxié zāng le, yào shuā yíxià.

私のスニーカーは汚れたので、磨かなければなりません。

饭前要洗手，饭后要刷牙。

Fàn qián yào xǐshǒu, fàn hòu yào shuā yá.

食事の前に手を洗い、食事の後に歯を磨かなくてはいけません。

请打扫一下房间。

Qǐng dǎsǎo yíxià fángjiān.

部屋をちょっと掃除してください。

请抽出一张卡片。 **Qǐng chōuchū yì zhāng kǎpiàn.**

カードを１枚抜き出してください。

感谢你抽时间帮助我。 **Gǎnxiè nǐ chōu shíjiān bāngzhù wǒ.**

時間をとってお手伝いいただき感謝します。

他不抽烟。

Tā bù chōuyān.

彼はタバコを吸いません。

朋友帮我办了手续。

Péngyou bāng wǒ bànle shǒuxù.

友人が手続きを手伝ってくれました。

继续
▼

動詞2

Check 1 007

□ 079 ✎嘗
尝
cháng
動 味わう
尝味道 cháng wèidao　味見をする

□ 080
碰
pèng
動 ぶつかる、出くわす

□ 081 ✎見
碰见
pèng▼jiàn
動（ばったり）出会う、出くわす

□ 082
交
jiāo
! 動 渡す、手渡す、提出する
交钱 jiāo qián　金を払う（渡す）

□ 083
搬
bān
動（家具など大きいものを）運ぶ、移す、引っ越す
搬东西 bān dōngxi　物を運ぶ

□ 084
搬家
bān▼jiā
動 引っ越す

6日目 006
Quick Review
答えは次頁

□ 推
□ 拉
□ 举
□ 擦
□ 装
□ 脱
□ 贴
□ 丢
□ 吵
□ 起
□ 醒
□ 做梦

Check 2 056

这是我新学的菜，你尝一尝。

Zhè shì wǒ xīn xué de cài, nǐ cháng yi cháng.

これは私が新しく覚えた料理です、味わってみてください。

你别碰我。

Nǐ bié pèng wǒ.

私にぶつからないで。

今天我在电车上碰见了老同学。

Jīntiān wǒ zài diànchē shang pèngjiànle lǎo tóngxué.

今日私は電車で昔のクラスメートに出くわしました。

那本书你应该交给我啊。

Nà běn shū nǐ yīnggāi jiāogěi wǒ a.

その本は私に渡すべきです。

我帮你搬上去吧。

Wǒ bāng nǐ bānshangqu ba.

上まで運んであげましょう。

我打算周末搬家。

Wǒ dǎsuan zhōumò bānjiā.

私は週末に引っ越すつもりです。

- □ 押す
- □ （弦楽器を弓で）弾く
- □ 持ち上げる
- □ こする
- □ （ポケットや容器などに）入れる
- □ 脱ぐ
- □ 貼る
- □ なくす
- □ 騒ぐ
- □ 起きる
- □ 目が覚める
- □ 夢を見る

まとめて覚えよう　― 国名・地名

中国や日本、世界の代表的な国名・地名です。自分の出身地の発音を調べて覚えておくといいでしょう。

中国 (中国)	Zhōngguó	日本 (日本)	Rìběn	美国 (アメリカ)	Měiguó
北京 (北京)	Běijīng	北海道 (北海道)	Běihǎidào	英国 (イギリス)	Yīngguó
上海 (上海)	Shànghǎi	东京 (東京)	Dōngjīng	法国 (フランス)	Fǎguó
天津 (天津)	Tiānjīn	横滨 (横浜)	Héngbīn	德国 (ドイツ)	Déguó
重庆 (重慶)	Chóngqìng	京都 (京都)	Jīngdū	意大利 (イタリア)	Yìdàlì
西安 (西安)	Xī’ān	大阪 (大阪)	Dàbǎn	新加坡 (シンガポール)	Xīnjiāpō
南京 (南京)	Nánjīng	神户 (神戸)	Shénhù	韩国 (韓国)	Hánguó
苏州 (蘇州)	Sūzhōu				
青岛 (青島)	Qīngdǎo				
香港 (香港)	Xiānggǎng				
台湾 (台湾)	Táiwān				

「国名」＋“人”で国籍を表す
中国人 Zhōngguórén（中国人）
日本人 Rìběnrén（日本人）

「地名」＋”人”で出身地を表す
北京人 Běijīngrén（北京出身）
东京人 Dōngjīngrén（東京出身）

以下は観光地などの言い方です。
故宫　Gùgōng（故宮）
天安门　Tiān'ānmén（天安門）
王府井　Wángfǔjǐng（王府井）
长城　Chángchéng（万里の長城）
兵马俑　Bīngmǎyǒng（兵馬俑）

キクタン中国語

2週目

✓ 学習したらチェック!

- ■ 8日目 名詞 5
- ■ 9日目 名詞 6
- ■ 10日目 名詞 7
- ■ 11日目 名詞 8
- ■ 12日目 形容詞 2
- ■ 13日目 動詞 3
- ■ 14日目 動詞 4

中国語で言ってみよう！

皆さん、新年おめでとうございます！

(答えは 086)

名詞5

Check 1

🎧 008

□ 085 ✎節

季节

jìjié

名 季節

□ 086 ✎新

新年

xīnnián

名 新年、正月

新年好！Xīnnián hǎo! 新年おめでとう！

関 **过年** guò▾nián（年を越す）
春节 Chūnjié（春節）

□ 087 ✎時

时代

shídài

名 時代

□ 088 ✎時

时期

shíqī

名 時期

□ 089 ✎間

期间

qījiān

名 期間

□ 090 ✎紀

世纪

shìjì

名 世紀

继续 ▼

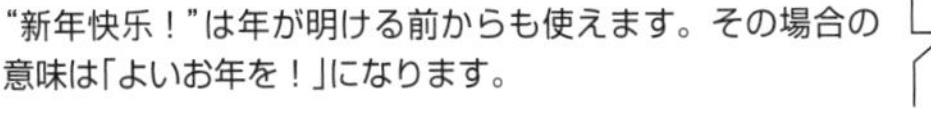

Check 2

057

现在是看樱花的好季节。
Xiànzài shì kàn yīnghuā de hǎo jìjié.
今はサクラを見るのによい季節です。

祝大家新年快乐！
Zhù dàjiā xīnnián kuàilè!
皆さん、新年おめでとうございます！

时代变了，人们的爱好也变了。
Shídài biàn le, rénmen de àihào yě biàn le.
時代が変わったので、人々の趣味も変わりました。

这是南宋时期的画。
Zhè shì Nánsòng shíqī de huà.
これは南宋時期の絵です。

春节期间这里很热闹。
Chūnjié qījiān zhèli hěn rènao.
春節の期間、ここはにぎやかです。

现在是二十一世纪。
Xiànzài shì èrshiyī shìjì.
現在は 21 世紀です。

继续 ▼

名詞5

Check 1 　 008

□ 091 ✎圓　筆
圆珠笔
yuánzhūbǐ

名 ボールペン
量 支 zhī

□ 092 ✎動鉛筆
自动铅笔
zìdòng qiānbǐ

名 シャープペンシル
量 支 zhī

□ 093 ✎筆記
笔记本
bǐjìběn

名 ノート
= 本子 běnzi

□ 094 ✎橡
橡皮
xiàngpí

名 消しゴム

□ 095
表
biǎo

! 名 腕時計、表
= 手表 shǒubiǎo
量 只 zhī

□ 096 ✎鐘
钟
zhōng

名 置時計、掛け時計
関 座钟 zuòzhōng（置時計）、闹钟 nàozhōng（目覚まし時計）、挂钟 guàzhōng（掛け時計）
"送钟"（時計を贈る）は"送终" sòng▾zhōng（葬儀を行う）と同音なので、贈り物としては避ける

7日目 　007
Quick Review
答えは次頁

□ 刷	□ 抽烟	□ 碰见
□ 刷牙	□ 帮	□ 交
□ 打扫	□ 尝	□ 搬
□ 抽	□ 碰	□ 搬家

Check 2

057

我买了一支圆珠笔。
Wǒ mǎile yì zhī yuánzhūbǐ.
私はボールペンを１本買いました。

这是一支自动铅笔。
Zhè shì yì zhī zìdòng qiānbǐ.
これはシャープペンシルです。

我要买一个新的笔记本。
Wǒ yào mǎi yí ge xīn de bǐjìběn.
私は新しいノートを１冊買いたいです。

借我用一下你的橡皮，好吗?
Jiè wǒ yòng yíxià nǐ de xiàngpí, hǎo ma?
あなたの消しゴムをちょっと貸してくれませんか。

我的表快两分钟。
Wǒ de biǎo kuài liǎng fēnzhōng.
私の時計は２分進んでいます。

大厅的钟停了。
Dàtīng de zhōng tíng le.
ロビーの時計が止まりました。

- □ (はけ・ブラシなどで)こする
- □ 歯を磨く
- □ 掃除する
- □ 吸う
- □ タバコを吸う
- □ 手伝う
- □ 味わう
- □ ぶつかる
- □ (ばったり)出会う
- □ 渡す
- □ (家具など大きいものを)運ぶ
- □ 引っ越す

名詞 6

Check 1

009

□ 097 ✎書包

书包

shūbāo

名 (多く学生の) かばん

背书包 bēi shūbāo　かばんを背負う

関 提包 tíbāo　(手提げかばん)

背包 bēibāo　(リュック)

□ 098

卡

kǎ

名 カード

量 张 zhāng　関 积分卡 jīfēnkǎ (ポイントカード)、银行卡 yínhángkǎ (銀行カード)

"卡"は、単独でクレジットカードなどを指すが、"〇〇卡"のような熟語も作る

□ 099

卡片

kǎpiàn

名 カード

量 张 zhāng

"卡片"はショップカードやカード目録のような情報を記録・整理するためのカードを指す

□ 100

信用卡

xìnyòngkǎ

名 クレジットカード

量 张 zhāng

□ 101

信封

xìnfēng

名 封筒

打开信封 dǎkāi xìnfēng　封筒を開ける

□ 102 ✎郵

邮票

yóupiào

名 切手

纪念邮票 jìniàn yóupiào　記念切手

量 张 zhāng

继续
▼

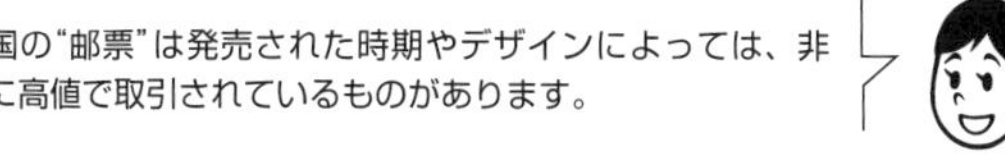

Check 2

058

你的书包太重了。
Nǐ de shūbāo tài zhòng le.
君のかばんは重すぎます。

你用现金还是刷卡?
Nǐ yòng xiànjīn háishi shuā kǎ?
現金を使いますか、それともカードを使いますか。

卡片上有宾馆的电话和地址。
Kǎpiàn shang yǒu bīnguǎn de diànhuà hé dìzhǐ.
カードにホテルの電話と住所があります。

这里不能使用信用卡。
Zhèli bù néng shǐyòng xìnyòngkǎ.
ここはクレジットカードは使えません。

这个信封上的字很漂亮。
Zhège xìnfēng shang de zì hěn piàoliang.
この封筒の字はきれいです。

我要一张邮票。
Wǒ yào yì zhāng yóupiào.
切手が1枚欲しいです。

继续
▼

名詞6

Check 1

009

□ 103
碟子
diézi

名 小皿
洗碟子 xǐ diézi　皿を洗う

□ 104 ✎盤
盘子
pánzi

名 大皿

□ 105
瓶子
píngzi

名 瓶、ボトル

□ 106
钥匙
yàoshi

名 かぎ
带钥匙 dài yàoshi　かぎを持つ
量 把 bǎ

□ 107 ✎傘
雨伞
yǔsǎn

名 雨傘
打雨伞 dǎ yǔsǎn　傘をさす
⇔ 阳伞 yángsǎn（日傘）
量 把 bǎ

□ 108 ✎絹
手绢
shǒujuàn

名 ハンカチ
两块手绢 liǎng kuài shǒujuàn　2枚のハンカチ
量 条 tiáo

8日目 008
Quick Review
答えは次頁

□ 季节　□ 期间　□ 笔记本
□ 新年　□ 世纪　□ 橡皮
□ 时代　□ 圆珠笔　□ 表
□ 时期　□ 自动铅笔　□ 钟

Check 2 058

服务员，请给我两双筷子和两个碟子。
Fúwùyuán, qǐng gěi wǒ liǎng shuāng kuàizi hé liǎng ge diézi.
すみません、箸を 2 膳と皿を 2 枚下さい。

盘子已经洗完了。
Pánzi yǐjīng xǐwán le.
皿はもう洗い終わりました。

桌子上有两个瓶子。
Zhuōzi shang yǒu liǎng ge píngzi.
テーブルに瓶が 2 本あります。

哎哟，我没带钥匙。
Āiyō, wǒ méi dài yàoshi.
あぁ、かぎを忘れてしまいました。

我总是忘记带雨伞。
Wǒ zǒngshì wàngjì dài yǔsǎn.
私はいつも傘を持つのを忘れます。

现在人们不常用手绢。
Xiànzài rénmen bù chángyòng shǒujuàn.
今は人々はあまりハンカチを使いません。

- ☐ 季節
- ☐ 新年
- ☐ 時代
- ☐ 時期
- ☐ 期間
- ☐ 世紀
- ☐ ボールペン
- ☐ シャープペンシル
- ☐ ノート
- ☐ 消しゴム
- ☐ 腕時計
- ☐ 置時計

名詞7

Check 1

010

□ 109 ✎商

商品

shāngpǐn

名 商品

□ 110

香皂

xiāngzào

名 石けん

同 肥皂 féizào

□ 111

箱子

xiāngzi

名 箱、トランク

□ 112

玻璃

bōli

名 ガラス

□ 113 ✎電

电灯

diàndēng

名 電灯

开电灯 kāi diàndēng　電灯をつける

关电灯 guān diàndēng　電灯を消す

□ 114 ✎書

书架

shūjià

名 本棚

继续
▼

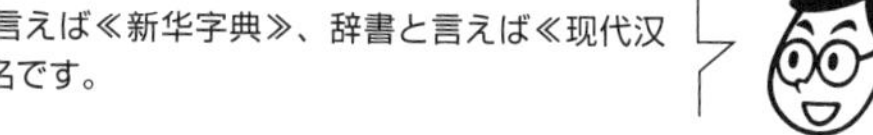

Check 2

059

超市的商品很丰富。
Chāoshì de shāngpǐn hěn fēngfù.
スーパーの商品は豊富です。

请用香皂好好儿洗洗手。
Qǐng yòng xiāngzào hǎohāor xǐxi shǒu.
石けんでちゃんと手を洗ってください。

这个箱子是谁的?
Zhège xiāngzi shì shéi de?
このトランクは誰のですか。

玻璃脏了，擦一下吧。
Bōli zāng le, cā yíxià ba.
ガラスが汚れているので、ちょっと拭いてください。

请打开电灯。
Qǐng dǎkāi diàndēng.
電灯をつけてください。

书店的书架上有很多书。
Shūdiàn de shūjià shang yǒu hěn duō shū.
書店の本棚にはたくさんの本があります。

继续
▼

名詞7

Check 1 010

□ 115 ✎機

洗衣机

xǐyījī

名 洗濯機

量 台 tái

□ 116 ✎収　機

收音机

shōuyīnjī

名 ラジオ

量 台 tái、架 jià

□ 117 ✎録　機

录音机

lùyīnjī

名 レコーダー

量 台 tái、架 jià

□ 118 ✎機

照相机

zhàoxiàngjī

名 カメラ

同 相机 xiàngjī

量 台 tái、架 jià

□ 119

垃圾

lājī

名 ゴミ

扔垃圾 rēng lājī　ごみを捨てる

□ 120

字典

zìdiǎn

名 字典

查字典 chá zìdiǎn　字典を引く

量 本 běn

9日目 009
Quick Review
答えは次頁

□ 书包
□ 卡
□ 卡片
□ 信用卡
□ 信封
□ 邮票
□ 碟子
□ 盘子
□ 瓶子
□ 钥匙
□ 雨伞
□ 手绢

Check 2 059

我买了一台洗衣机。
Wǒ mǎile yì tái xǐyījī.
私は洗濯機を 1 台買いました。

爷爷用收音机听新闻。
Yéye yòng shōuyīnjī tīng xīnwén.
祖父はラジオでニュースを聞きます。

我家有一台旧的录音机。
Wǒ jiā yǒu yì tái jiù de lùyīnjī.
私の家には古い（テープ）レコーダーがあります。

我没有钱买新的照相机。
Wǒ méiyǒu qián mǎi xīn de zhàoxiàngjī.
私は新しいカメラを買うお金がありません。

每天早上有人来收垃圾。
Měi tiān zǎoshang yǒu rén lái shōu lājī.
毎朝誰かがゴミを集めにきます。

请查一下字典。
Qǐng chá yíxià zìdiǎn.
ちょっと字典を引いてみてください。

- ☐（多く学生の）かばん
- ☐ カード
- ☐ カード
- ☐ クレジットカード
- ☐ 封筒
- ☐ 切手
- ☐ 小皿
- ☐ 大皿
- ☐ 瓶
- ☐ かぎ
- ☐ 雨傘
- ☐ ハンカチ

名詞8

Check 1 011

□ 121
文章
wénzhāng

名 文章
写文章 xiě wénzhāng 文章を書く
量 篇 piān

□ 122
作品
zuòpǐn

名 作品

□ 123 説
小说
xiǎoshuō

名 小説
网络小说 wǎngluò xiǎoshuō ネット小説
科幻小说 kēhuàn xiǎoshuō SF 小説
量 本 běn、篇 piān

□ 124 話
笑话
xiàohua

名 笑い話、冗談
讲笑话 jiǎng xiàohua 笑い話をする
動 あざ笑う、人を笑いものにする

□ 125 頁
页
yè

名 ページ

□ 126 題
题目
tímù

名 テーマ

继续
▼

“新闻”がニュースで、新聞は“报纸”、日本語との意味の違いに注意が必要です。

Check 2 060

我还没有预习那篇文章。
Wǒ hái méiyou yùxí nà piān wénzhāng.
私はまだあの文章を予習していません。

你喜欢哪个国家的文学作品？
Nǐ xǐhuan nǎge guójiā de wénxué zuòpǐn?
あなたはどの国の文学作品が好きですか。

我喜欢看中文小说。
Wǒ xǐhuan kàn Zhōngwén xiǎoshuō.
私は中国語の小説を読むのが好きです。

我给你们讲个笑话吧。 Wǒ gěi nǐmen jiǎng ge xiàohua ba.
あなたたちに1つ笑い話をしましょう。

你不要笑话别人。 Nǐ búyào xiàohua biéren.
人を笑いものにしてはいけません。

请把书翻到第八页。
Qǐng bǎ shū fāndào dì-bā yè.
8ページを開いてください。

你的研究题目是什么？
Nǐ de yánjiū tímù shì shénme?
あなたの研究テーマは何ですか。

继续
▼

名詞8

Check 1

□ 127 ✎報紙

报纸

bàozhǐ

名 新聞

一张报纸 yì zhāng bàozhǐ　1枚の新聞紙

量 张 zhāng

□ 128 ✎新聞

新闻

xīnwén

! 名 ニュース

新闻节目 xīnwén jiémù　ニュース番組

□ 129

消息

xiāoxi

! 名 情報、ニュース、便り

最新消息 zuìxīn xiāoxi　最新ニュース

□ 130 ✎節

节目

jiémù

名 番組

广播节目 guǎngbō jiémù　ラジオ番組

□ 131

科学

kēxué

名 科学

形 科学的である

□ 132 ✎術

技术

jìshù

名 技術

10日目 010
Quick Review
答えは次頁

□ 商品	□ 电灯	□ 录音机
□ 香皂	□ 书架	□ 照相机
□ 箱子	□ 洗衣机	□ 垃圾
□ 玻璃	□ 收音机	□ 字典

我爸爸每天早上都看报纸。
Wǒ bàba měi tiān zǎoshang dōu kàn bàozhǐ.
私の父は毎朝新聞を読みます。

我每天看新闻节目。
Wǒ měi tiān kàn xīnwén jiémù.
私は毎日ニュース番組を見ます。

我告诉你一个好消息。
Wǒ gàosu nǐ yí ge hǎo xiāoxi.
私はあなたによいニュースを教えます。

昨晚我看了一个非常有意思的电视节目。
Zuówǎn wǒ kànle yí ge fēicháng yǒu yìsi de diànshì jiémù.
昨夜私は非常に面白いテレビ番組を見ました。

我非常喜欢自然科学。Wǒ fēicháng xǐhuan zìrán kēxué.
私は自然科学が非常に好きです。
这个办法不科学。Zhège bànfǎ bù kēxué.
この方法は非科学的です。

他的技术很好。
Tā de jìshù hěn hǎo.
彼の技術は優れています。

☐ 商品
☐ 石けん
☐ 箱
☐ ガラス
☐ 電灯
☐ 本棚
☐ 洗濯機
☐ ラジオ
☐ レコーダー
☐ カメラ
☐ ゴミ
☐ 字典

形容詞2

Check 1

🎧 012

□ 133
硬
yìng
形 **硬い**
⇔ 软 ruǎn（軟らかい）

□ 134 ✎軟
软
ruǎn
形 **軟らかい**
⇔ 硬 yìng（硬い）

□ 135 ✎浅
浅
qiǎn
形 **浅い**
⇔ 深 shēn（深い）

□ 136 ✎深
深
shēn
形 **深い**
⇔ 浅 qiǎn（浅い）

□ 137
晴
qíng
形 **晴れている**

□ 138 ✎陰
阴
yīn
形 **曇っている、陰っている**

继续
▼

"困kùn"のように、「uen」の前に子音が付くと、真ん中の「e」が消えるので注意しましょう。

Check 2

061

这把椅子很硬。
Zhè bǎ yǐzi hěn yìng.
この椅子は硬いです。

这种面包比较软。
Zhè zhǒng miànbāo bǐjiào ruǎn.
この種類のパンはわりと軟らかいです。

这条河的水很浅。
Zhè tiáo hé de shuǐ hěn qiǎn.
この川の水は浅いです。

这里的水很深。
Zhèli de shuǐ hěn shēn.
ここの水は深いです。

天晴了。
Tiān qíng le.
空は晴れました。

天阴了。
Tiān yīn le.
空が曇りました。

继续
▼

形容詞2

Check 1

🎧 012

□ 139 ✎亮

亮

liàng

! 形 **明るい**

動 光る、明るくなる

⇔ 暗 àn（暗い）

□ 140 ✎円

圆

yuán

形 **まるい**

名 円

対 方 fāng（四角い）

□ 141 ✎窮

穷

qióng

形 **貧しい**

⇔ 富 fù（金持ちである）

□ 142 ✎豊

丰富

fēngfù

形 **豊富である**

動 豊富にする

□ 143

困

kùn

! 形 **眠い**

□ 144

辛苦

xīnkǔ

形 **（仕事などが）苦しい、骨が折れる**

動 苦労する

11日目 🎧011
Quick Review
答えは次頁

□ 文章 □ 页 □ 消息
□ 作品 □ 题目 □ 节目
□ 小说 □ 报纸 □ 科学
□ 笑话 □ 新闻 □ 技术

Check 2

061

这个房间的灯不太亮。 Zhège fángjiān de dēng bú tài liàng.
この部屋の明かりはあまり明るくないです。

天亮了。 Tiān liàng le.
夜が明けました。

今晚的月亮很圆。 Jīnwǎn de yuèliang hěn yuán.
今夜の月はまるいです。

他在纸上画了一个圆。 Tā zài zhǐ shang huàle yí ge yuán.
彼は紙に円を１つ描きました。

过去他们家很穷。
Guòqù tāmen jiā hěn qióng.
昔、彼らの家は貧しかったです。

他的经验很丰富。 Tā de jīngyàn hěn fēngfù.
彼の経験は豊富です。

旅游可以丰富我们的知识。 Lǚyóu kěyǐ fēngfù wǒmen de zhīshi.
旅行は我々の知識を豊富にすることができます。

我昨天睡得很晚，现在有点儿困。
Wǒ zuótiān shuìde hěn wǎn, xiànzài yǒudiǎnr kùn.
昨日寝るのが遅かったので、今、少し眠いです。

这个工作很辛苦。
Zhège gōngzuò hěn xīnkǔ.
この仕事は骨が折れます。

- □ 文章
- □ 作品
- □ 小説
- □ 笑い話
- □ ページ
- □ テーマ
- □ 新聞
- □ ニュース
- □ 情報
- □ 番組
- □ 科学
- □ 技術

13日目 動詞3

Check 1 013

□ 145 ✎查

查

chá

動 調べる、(辞書などを)引く

查词典 chá cídiǎn　辞書を引く

查资料 chá zīliào　資料を調べる

□ 146

逛

guàng

動 ぶらぶら歩く、散歩する

逛街 guàng jiē　町をぶらぶらする

逛夜市 guàng yèshì　夜店をぶらぶらする

□ 147

跳

tiào

動 跳ぶ、跳ねる

□ 148

爬

pá

動 登る、はう

爬山 pá▾shān　登山する

□ 149 ✎拐

拐

guǎi

動 曲がる

往右拐 wǎng yòu guǎi　右に曲がる

□ 150

偷

tōu

動 盗む

偷东西 tōu dōngxi　物を盗む

继续
▼

人の話をこれ以上聞きたくないときなど、"够了"と言うと「もうたくさんだ！」という意味になります。

Check 2

062

这个词你用手机查一下吧。
Zhège cí nǐ yòng shǒujī chá yíxià ba.
この単語、携帯電話でちょっと調べてみてください。

我们下午去逛商店吧。
Wǒmen xiàwǔ qù guàng shāngdiàn ba.
午後は店をぶらぶらしましょう。

他高兴得跳了起来。
Tā gāoxìngde tiàole qilai.
彼はうれしくて飛び跳ねました。

我们去爬山怎么样？
Wǒmen qù páshān zěnmeyàng?
私たちは、登山に行くのはどうですか。

在前面的路口往左拐。
Zài qiánmiàn de lùkǒu wǎng zuǒ guǎi.
前の交差点を左に曲がります。

我的钱包被偷了。
Wǒ de qiánbāo bèi tōu le.
私の財布は盗まれました。

继续
▼

動詞3

Check 1

013

□ 151 ✎離開

离开

lí▾kāi

動 離れる、別れる

离开北京 líkāi Běijīng　北京を離れる

□ 152 ✎動

动

dòng

動 動く、動かす

□ 153

倒

dǎo

動 倒れる

動 倒 dào（さかさまにする、そそぐ）

□ 154

流

liú

動 流れる、流す

流眼泪 liú yǎnlèi　涙を流す

□ 155

刮

guā

動（強い風が）吹く、削る

刮风 guā fēng　風が吹く

□ 156

够

gòu

動 足りる、十分である

12日目 012
Quick Review
答えは次頁

□ 硬
□ 软
□ 浅
□ 深
□ 晴
□ 阴
□ 亮
□ 圆
□ 穷
□ 丰富
□ 困
□ 辛苦

她昨天十点离开家的。
Tā zuótiān shí diǎn líkāi jiā de.
彼女は昨日 10 時に家を出たのです。

前面的车不动了。Qiánmiàn de chē bú dòng le.
前の車が動かなくなりました。
请不要动桌子上的东西。Qǐng búyào dòng zhuōzi shang de dōngxi.
机の上の物を動かさないでください。

大树倒了。
Dàshù dǎo le.
大木が倒れました。

这条河的水流得很快。
Zhè tiáo hé de shuǐ liúde hěn kuài.
この川の水は流れが速いです。

风太大，帽子被刮跑了。
Fēng tài dà, màozi bèi guāpǎo le.
風が強く、帽子が吹き飛ばされてしまいました。

点这些菜够不够?
Diǎn zhèxiē cài gòu bu gòu?
（注文は）これらの料理で足りますか。

- □ 硬い
- □ 軟らかい
- □ 浅い
- □ 深い
- □ 晴れている
- □ 曇っている
- □ 明るい
- □ まるい
- □ 貧しい
- □ 豊富である
- □ 眠い
- □ (仕事などが)苦しい

14日目 動詞4

Check 1 014

□ 157 産

生产

shēngchǎn

動 生産する、子供を産む

□ 158 費

浪费

làngfèi

動 浪費する

□ 159

放假

fàng▼jià

動 休みになる

放暑假 fàng shǔjià　夏休みになる

放寒假 fàng hánjià　冬休みになる

□ 160 請

请假

qǐng▼jià

動 休暇を取る

请一天假 qǐng yì tiān jià　1日休みを取る

□ 161 導

导游

dǎoyóu

動（観光などで）案内する

名 ガイド

□ 162 差

出差

chū▼chāi

動 出張する

動 差 chà（足りない）

继续
▼

有給休暇は中国語では“带薪休假 dàixīn xiūjià”と言います。

Check 2

063

他们公司生产电脑。
Tāmen gōngsī shēngchǎn diànnǎo.
彼らの会社はパソコンを生産しています。

你不要浪费时间。
Nǐ búyào làngfèi shíjiān.
時間を浪費しないでください。

你们大学什么时候放假？
Nǐmen dàxué shénme shíhou fàngjià?
あなたたちの大学はいつから休みですか。

我想请假回老家看看。
Wǒ xiǎng qǐngjià huí lǎojiā kànkan.
私は休暇を取って実家にちょっと帰りたいです。

请你为我们导游一下吧。 **Qǐng nǐ wèi wǒmen dǎoyóu yíxià ba.**
私たちのために少し案内してください。
我可以当导游。 **Wǒ kěyǐ dāng dǎoyóu.**
私はガイドをすることができます。

我爸爸常常去中国出差。
Wǒ bàba chángcháng qù Zhōngguó chūchāi.
父はよく中国に出張に行きます。

继续
▼

動詞4

Check 1

014

□ 163 ✎派

派

pài

動 **派遣する**

□ 164 ✎髪

理发

lǐ▼fà

動 **散髪する**

◎ 動 发 fā（発送する）

□ 165 ✎像

像

xiàng

動 **似ている**

名 写真、肖像

□ 166

算

suàn

動 **計算する、やめる**

□ 167

加

jiā

動 **加える、足す**

⇔ 减 jiǎn（引く）

□ 168 ✎增

增加

zēngjiā

動 **増加する、増える、増やす**

13日目 013
Quick Review
答えは次頁

□ 查	□ 拐	□ 倒
□ 逛	□ 偷	□ 流
□ 跳	□ 离开	□ 刮
□ 爬	□ 动	□ 够

您稍等，我们马上派人去看看。
Nín shāo děng, wǒmen mǎshàng pài rén qù kànkan.
少々お待ちください、すぐに人を見に行かせます。

我下午准备去理发。
Wǒ xiàwǔ zhǔnbèi qù lǐfà.
私は午後散髪に行くつもりです。

他长得很像他爸爸。
Tā zhǎngde hěn xiàng tā bàba.
彼はとても父親に似ています。

数字好像不对，你再算一遍。Shùzì hǎoxiàng búduì, nǐ zài suàn yí biàn.
数が間違っているようなので、もう一度計算してください。
他不愿意来就算了。Tā bú yuànyì lái jiù suàn le.
彼が来たくないなら、ほうっておきましょう。

一加一等于二。
Yī jiā yī děngyú èr.
1 足す 1 は 2。

这个城市的人口又增加了。
Zhège chéngshì de rénkǒu yòu zēngjiā le.
この町の人口はまた増加しました。

- □ 調べる
- □ ぶらぶら歩く
- □ 跳ぶ
- □ 登る
- □ 曲がる
- □ 盗む
- □ 離れる
- □ 動く
- □ 倒れる
- □ 流れる
- □ (強い風が)吹く
- □ 足りる

まとめて覚えよう　ー 中国人の名前

中国人の名字の多くは1字からなります。稀に複姓もあります。

中国人の名字	
王	Wáng
李	Lǐ
张（張）	Zhāng
刘（劉）	Liú
陈（陳）	Chén
杨（楊）	Yáng
黄	Huáng
赵（趙）	Zhào
吴（呉）	Wú
周	Zhōu
欧阳（陽）	Ōuyáng

※（　）内の字は日本の漢字表記

名前は1字か2字からなります。

中国人の名前	
爽	Shuǎng
秀影	Xiùyǐng
紫棋	Zǐqí
一博	Yībó
英杰	Yīngjié
俊驰	Jùnchí

※日本のニュースなどで読まれる中国の人名は、原則として、
漢字表記・日本語読みとされています。

キクタン中国語

3週目

✓学習したらチェック!

- ■ 15日目　名詞 9
- ■ 16日目　名詞 10
- ■ 17日目　名詞 11
- ■ 18日目　形容詞 3
- ■ 19日目　動詞 5
- ■ 20日目　動詞 6
- ■ 21日目　動詞 7

中国語で言ってみよう！

今日は私がごちそうします。

（答えは 220）

名詞9

Check 1 015

□ 169

路上

lùshang

! 名 **道中、路上**

□ 170

地区

dìqū

名 **地域、地区**

□ 171

地址

dìzhǐ

名 **住所、アドレス**

□ 172 ✎賓館

宾馆

bīnguǎn

名 **ホテル**

量 家 jiā

“宾馆”、“酒店”、“饭店”はいずれもホテルを指し一般的なホテルから高級ホテルまで幅広く使われる

□ 173 ✎旅館

旅馆

lǚguǎn

名 **旅館、ホテル**

量 家 jiā

比較的安い宿泊施設を指し、高級なイメージはない

□ 174 ✎商場

商场

shāngchǎng

名 **ショッピングセンター、デパート**

量 家 jiā

继续
▼

中国語の"池"は水がたまった場所や真ん中がくぼんだ場所を指すので、"花池"(花壇)"浴池"(浴槽)…みんな"池"です。

Check 2

064

我们已经在去机场的路上了。

Wǒmen yǐjīng zài qù jīchǎng de lùshang le.

私たちはもう空港に行く途中です。

这个地区发展得很好。

Zhège dìqū fāzhǎnde hěn hǎo.

この地区はうまい具合に発展しています。

这是你的地址吗?

Zhè shì nǐ de dìzhǐ ma?

これはあなたの住所ですか。

这家宾馆离地铁很近。

Zhè jiā bīnguǎn lí dìtiě hěn jìn.

このホテルは地下鉄から近いです。

我住在学校附近的一家旅馆里。

Wǒ zhùzài xuéxiào fùjìn de yì jiā lǚguǎn li.

私は学校の近くの旅館に泊まっています。

这是昨天在百货商场买的。

Zhè shì zuótiān zài bǎihuò shāngchǎng mǎi de.

これは昨日デパートで買ったものです。

继续
▼

名詞9

Check 1

015

□ 175 ✎飯館

饭馆

fànguǎn

名 レストラン

量 家 jiā

□ 176 ✎館

体育馆

tǐyùguǎn

名 体育館

□ 177 ✎博 館

博物馆

bówùguǎn

名 博物館

历史博物馆 lìshǐ bówùguǎn 歴史博物館

□ 178 ✎遊

游泳池

yóuyǒngchí

名 プール

□ 179 ✎館

大使馆

dàshǐguǎn

名 大使館

略 使馆 shǐguǎn

□ 180 ✎馬

马路

mǎlù

名 通り

过马路 guò mǎlù 通りを渡る

量 条 tiáo

14日目 014
Quick Review
答えは次頁

□ 生产
□ 浪费
□ 放假
□ 请假

□ 导游
□ 出差
□ 派
□ 理发

□ 像
□ 算
□ 加
□ 增加

这附近有饭馆吗？

Zhè fùjìn yǒu fànguǎn ma?

この近くにレストランはありますか。

明天在体育馆有一场篮球比赛。

Míngtiān zài tǐyùguǎn yǒu yì chǎng lánqiú bǐsài.

明日体育館でバスケットボールの試合があります。

我去博物馆看展览。

Wǒ qù bówùguǎn kàn zhǎnlǎn.

私は博物館に展示を見に行きます。

大学的体育馆里一般都有游泳池。

Dàxué de tǐyùguǎn li yìbān dōu yǒu yóuyǒngchí.

大学の体育館には一般的にプールがあります。

请问，日本大使馆在什么地方？

Qǐngwèn, Rìběn dàshǐguǎn zài shénme dìfang?

すみません、日本大使館はどこにありますか。

过马路要小心。

Guò mǎlù yào xiǎoxīn.

通りを渡るときは注意しないといけません。

☐ 生産する
☐ 浪費する
☐ 休みになる
☐ 休暇を取る

☐ (観光などで)案内する
☐ 出張する
☐ 派遣する
☐ 散髪する

☐ 似ている
☐ 計算する
☐ 加える
☐ 増加する

名詞10

Check 1 016

□ 181

站

zhàn

名 **駅**

东京站 Dōngjīng zhàn　東京駅

動 立つ

□ 182 ✎広場

广场

guǎngchǎng

名 **広場**

天安门广场 Tiān'ānmén Guǎngchǎng　天安門広場

□ 183 ✎紅緑

红绿灯

hónglǜdēng

名 **信号機**

□ 184

楼梯

lóutī

名 **階段**

□ 185 ✎辦

办公室

bàngōngshì

名 **事務室、オフィス**

□ 186

屋子

wūzi

名 **部屋**

收拾屋子 shōushi wūzi　部屋を片付ける

量 **间** jiān

📖 "**屋子**"は話し言葉、"**房间**"は話し言葉、書き言葉ともに使う　ホテルの部屋は"**房间**"を使う

继续 ▼

ネットやチャットでは、"88"("拜拜 báibái、再见 zàijiàn"バイバイ)、"囧 jiǒng"(落胆した様子)などがよく使われています。

Check 2

065

下一站是什么站?
Xià yí zhàn shì shénme zhàn?
次の駅は何という駅ですか。

今晚人民广场有活动。
Jīnwǎn Rénmín Guǎngchǎng yǒu huódòng.
今晩人民広場でイベントがあります。

请在第二个红绿灯向右拐。
Qǐng zài dì-èr ge hónglǜdēng xiàng yòu guǎi.
2つ目の信号を右に曲がってください。

请从这里下楼梯。
Qǐng cóng zhèli xià lóutī.
ここから階段を下りてください。

好，我在办公室等你。
Hǎo, wǒ zài bàngōngshì děng nǐ.
了解しました、オフィスで待っています。

屋子里没有人。
Wūzi li méiyǒu rén.
部屋の中に人はいません。

继续
▼

名詞10

Check 1

016

□ 187

客厅

kètīng

名 応接間

量 间 jiān

□ 188 房

厨房

chúfáng

名 台所、調理場

量 间 jiān

□ 189

院子

yuànzi

名 庭、中庭

□ 190

老家

lǎojiā

名 故郷、田舎

回老家 huí lǎojiā　故郷に帰る

≒ 故乡 gùxiāng、家乡 jiāxiāng

□ 191 網

网

wǎng

! 名 インターネット、網

≒ 网络 wǎngluò

□ 192 網

网站

wǎngzhàn

名 （インターネットの）サイト

15日目 015
Quick Review
答えは次頁

□ 路上	□ 旅馆	□ 博物馆
□ 地区	□ 商场	□ 游泳池
□ 地址	□ 饭馆	□ 大使馆
□ 宾馆	□ 体育馆	□ 马路

Check 2

065

爸爸在客厅喝茶呢。
Bàba zài kètīng hē chá ne.
父は応接間でお茶を飲んでいます。

他们的厨房很干净。
Tāmen de chúfáng hěn gānjìng.
彼らの台所は清潔です。

孩子们在院子里玩儿呢。
Háizimen zài yuànzi li wánr ne.
子供たちは庭で遊んでいます。

我的老家在大阪。
Wǒ de lǎojiā zài Dàbǎn.
私の故郷は大阪です。

我们是在网上认识的。
Wǒmen shì zài wǎng shang rènshi de.
私たちはネットで知り合ったのです。

这个皮包在哪个网站买的?
Zhège píbāo zài nǎge wǎngzhàn mǎi de?
このかばんはどのサイトで買ったのですか。

☐ 道中
☐ 地域
☐ 住所
☐ ホテル
☐ 旅館
☐ ショッピングセンター
☐ レストラン
☐ 体育館
☐ 博物館
☐ プール
☐ 大使館
☐ 通り

名詞11

Check 1 017

□ 193 ✎園
校园
xiàoyuán

名 キャンパス、校庭

□ 194
学院
xuéyuàn

! 名 単科大学、（総合大学の）学部
外语学院 wàiyǔ xuéyuàn 外国語学院、外国語学部
量 所 suǒ

□ 195
系
xì

! 名（大学の）学部、学科

□ 196 ✎專業
专业
zhuānyè

! 名 専攻

□ 197
学期
xuéqī

名 学期
上学期 shàng xuéqī 前期
下学期 xià xuéqī 後期

□ 198 ✎績
成绩
chéngjì

名 成績
考试成绩 kǎoshì chéngjì 試験の成績

继续
▼

中国の学校は朝8時から始まります、早いですね。

Check 2

066

我们大学的校园非常大。

Wǒmen dàxué de xiàoyuán fēicháng dà.

私たちの大学のキャンパスは非常に広いです。

我是北京电影学院的学生。

Wǒ shì Běijīng diànyǐng xuéyuàn de xuésheng.

私は北京電影学院の学生です。

我是中文系的学生。

Wǒ shì Zhōngwénxì de xuésheng.

私は中国語科［中国文学科］の学生です。

她的专业是中国历史。

Tā de zhuānyè shì Zhōngguó lìshǐ.

彼女の専攻は中国史です。

这个学期我的课很多。

Zhège xuéqī wǒ de kè hěn duō.

今学期、私の授業は多いです。

去中国留学要 HSK 成绩吗?

Qù Zhōngguó liúxué yào HSK chéngjì ma?

中国留学には HSK の成績が必要ですか。

继续
▼

名詞11

Check 1　017

□ 199 ✎題

题

tí

名 **問題**、**題目**

量 道 dào

□ 200

初中

chūzhōng

名 **中学**

略 "初级中学 chūjí zhōngxué" の略

□ 201

高中

gāozhōng

名 **高校**

略 "高级中学 gāojí zhōngxué" の略

□ 202 ✎場

操场

cāochǎng

名 **運動場**、**グラウンド**

□ 203 ✎車

出租汽车

chūzū qìchē

名 **タクシー**

坐出租汽车 zuò chūzū qìchē　タクシーに乗る

≒ 出租车 chūzūchē

量 辆 liàng

関 打的 dǎ▾dī（タクシーに乗る）

□ 204 ✎車

摩托车

mótuōchē

名 **オートバイ**

骑摩托车 qí mótuōchē　オートバイに乗る

量 辆 liàng

16日目　016
Quick Review
答えは次頁

□ 站	□ 办公室	□ 院子
□ 广场	□ 屋子	□ 老家
□ 红绿灯	□ 客厅	□ 网
□ 楼梯	□ 厨房	□ 网站

这道题有点儿难。
Zhè dào tí yǒudiǎnr nán.
この問題は少し難しいです。

我儿子今年上初中了。
Wǒ érzi jīnnián shàng chūzhōng le.
私の息子は今年中学に上がりました。

这是我们这里最有名的高中。
Zhè shì wǒmen zhèli zuì yǒumíng de gāozhōng.
これは私たちのところで一番有名な高校です。

他们正在操场上打棒球呢。
Tāmen zhèngzài cāochǎng shang dǎ bàngqiú ne.
彼らはグラウンドで野球をしているところです。

我坐出租汽车去。
Wǒ zuò chūzū qìchē qù.
私はタクシーで行きます。

我骑摩托车上班。
Wǒ qí mótuōchē shàngbān.
私はオートバイで出勤します。

- □ 駅
- □ 広場
- □ 信号機
- □ 階段
- □ 事務室
- □ 部屋
- □ 応接間
- □ 台所
- □ 庭
- □ 故郷
- □ インターネット
- □ (インターネットの)サイト

形容詞3

Check 1

018

□ 205 ✎厲害

厉害

lìhai

形 すごい、ひどい、恐ろしい

≒ 利害 lìhai

□ 206 ✎難過

难过

nánguò

形（気持ちが）つらい、悲しい

□ 207 ✎緊張

紧张

jǐnzhāng

形 緊張している、張りつめる、足りない

□ 208 ✎軽

轻松

qīngsōng

形 気楽である、負担にならない

□ 209

用功

yònggōng

形 一生懸命勉強する

動 (学習に)努力している

□ 210

可能

kěnéng

! 形 可能である

名 可能性、見込み

助動 ～かもしれない

继续
▼

日本の漢字と似ているようでちょっと違う3つの簡体字“决”、“解”、“别”をしっかり覚えましょう。

Check 2 067

小张，你真厉害。
Xiǎo-Zhāng, nǐ zhēn lìhai.
張くん、君はほんとうにすごいですね。

别难过，以后会有更好的机会。
Bié nánguò, yǐhòu huì yǒu gèng hǎo de jīhuì.
悲しまないで、これからもっとよい機会があるでしょうから。

今天我有点儿紧张。 Jīntiān wǒ yǒudiǎnr jǐnzhāng.
今日私はちょっと緊張しています。
现在口罩很紧张。 Xiànzài kǒuzhào hěn jǐnzhāng.
今はマスクが足りません。

她心情轻松愉快。
Tā xīnqíng qīngsōng yúkuài.
彼女はリラックスして楽しい気持ちです。

她是个很用功的学生。 Tā shì ge hěn yònggōng de xuésheng.
彼女はとても勤勉な学生です。
他正在图书馆里用功呢。 Tā zhèngzài túshūguǎn li yònggōng ne.
彼は今図書館で［一生懸命］勉強しています。

这是不可能的。 Zhè shì bù kěnéng de.
これは不可能なことです。
下午我可能不在家。 Xiàwǔ wǒ kěnéng bú zài jiā.
午後、私はたぶん家にいないでしょう。

继续 ▼

形容詞3

Check 1

018

□ 211
痛快
tòngkuai
形 痛快である、胸がすっとする

□ 212 ✎険
危险
wēixiǎn
形 危険である、危ない
名 危険

□ 213
奇怪
qíguài
! 形 普通でない、おかしい、不思議である、奇妙である

□ 214 ✎熱
热烈
rèliè
形 熱烈である

□ 215 ✎複雑
复杂
fùzá
形 複雑である
⇔ 简单 jiǎndān（簡単である）

□ 216
相同
xiāngtóng
形 同一である

17日目 017
Quick Review
答えは次頁

□ 校园	□ 学期	□ 高中
□ 学院	□ 成绩	□ 操场
□ 系	□ 题	□ 出租汽车
□ 专业	□ 初中	□ 摩托车

Check 2

067

那天我们玩儿得很痛快。
Nà tiān wǒmen wánrde hěn tòngkuai.
その日私たちは心ゆくまで遊びました。

夜里开车很危险。Yèli kāichē hěn wēixiǎn.
夜に車を運転するのは危ないです。
这种运动有危险吗？ Zhè zhǒng yùndòng yǒu wēixiǎn ma?
この種類のスポーツには危険性がありますか。

这件事我觉得很奇怪。
Zhè jiàn shì wǒ juéde hěn qíguài.
この件を私は不思議に思いました。

黑板上写着"热烈欢迎"四个字。
Hēibǎn shang xiězhe "rèliè huānyíng"sì ge zì.
黒板に「"热烈欢迎"（ようこそ）」の4文字が書いてあります。

这个问题很复杂。
Zhège wèntí hěn fùzá.
この問題は複雑です。

我们考了相同的分数。
Wǒmen kǎole xiāngtóng de fēnshù.
私たちは［テストで］同じ点数でした。

- □ キャンパス
- □ 単科大学
- □ （大学の）学部
- □ 専攻
- □ 学期
- □ 成績
- □ 問題
- □ 中学
- □ 高校
- □ 運動場
- □ タクシー
- □ オートバイ

動詞5

Check 1

🎧 019

□ 217 ✎見

见面

jiàn▾miàn

動 会う、顔を合わす

□ 218

遇到

yùdào

動 （人やものに）出くわす

□ 219 ✎約

约会

yuēhuì

動 会う約束をする、デートをする

名 会う約束、デート

□ 220 ✎請

请客

qǐng▾kè

動 ごちそうする、客を招待する

□ 221

安排

ānpái

動 手配する、処置する

□ 222 ✎訪問

访问

fǎngwèn

動 訪問する

继续
▼

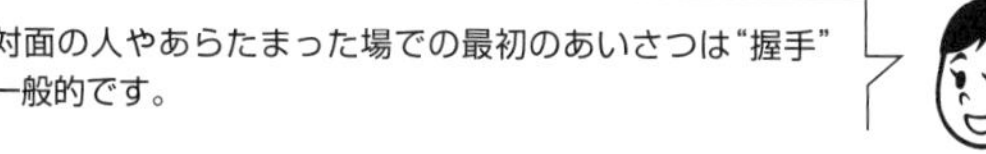

Check 2

068

我们在车站见面吧。
Wǒmen zài chēzhàn jiànmiàn ba.
駅で会いましょう。

我在路上遇到了小张。Wǒ zài lùshang yùdàole Xiǎo-Zhāng.
道で張さんに会いました。

学习常会遇到困难。Xuéxí cháng huì yùdào kùnnan.
勉強は常に困難に出合うものです。

我很久没跟男朋友约会了。Wǒ hěn jiǔ méi gēn nán péngyou yuēhuì le.
私は長い間、彼氏とデートをしていません。

今晚我和女朋友有约会。Jīnwǎn wǒ hé nǚ péngyou yǒu yuēhuì.
今夜は彼女と約束があります。

今天我请客。
Jīntiān wǒ qǐngkè.
今日は私がごちそうします。

你能帮我们安排一下日程吗?
Nǐ néng bāng wǒmen ānpái yíxià rìchéng ma?
私たちの日程を組んでもらえますか。

日本朋友访问了我们大学。
Rìběn péngyou fǎngwènle wǒmen dàxué.
日本人の友人が私たちの大学を訪問しました。

继续
▼

動詞5

Check 1

019

□ 223 ✎問

问好

wèn▼hǎo

動 機嫌を伺う、よろしく言う

📖 "向"＋人＋"问好"あるいは"问"＋人＋"好"の形で「～によろしく伝える」

□ 224 ✎問

问候

wènhòu

動 あいさつする

□ 225

握手

wò▼shǒu

動 握手する

□ 226

迎接

yíngjiē

動 迎える

□ 227 ✎幇

帮忙

bāng▼máng

動 手伝う

📖 帮助 bāngzhù（手伝う、助ける）

□ 228 ✎開車

开车

kāi▼chē

動（車を）運転する

18日目 018
Quick Review
答えは次頁

□ 厉害	□ 用功	□ 奇怪
□ 难过	□ 可能	□ 热烈
□ 紧张	□ 痛快	□ 复杂
□ 轻松	□ 危险	□ 相同

Check 2 068

请代我向朋友们问好。
Qǐng dài wǒ xiàng péngyoumen wènhǎo.
私の代わりに友達によろしくお伝えください。

请替我问候李先生。
Qǐng tì wǒ wènhòu Lǐ xiānsheng.
どうか李さんによろしくお伝えください。

他微笑着跟我握手。
Tā wēixiàozhe gēn wǒ wòshǒu.
彼はほほ笑みながら私と握手をしました。

他到车站去迎接外国朋友。
Tā dào chēzhàn qù yíngjiē wàiguó péngyou.
彼は駅まで外国人の友達を迎えに行きます。

他打算让朋友帮忙。 Tā dǎsuan ràng péngyou bāngmáng.
彼は友達に手伝ってもらうつもりです。
能不能帮我个忙? Néng bu néng bāng wǒ ge máng?
ちょっと手伝ってもらえませんか。

我开车去大学。
Wǒ kāichē qù dàxué.
私は車で大学に行きます。

- □ すごい
- □ (気持ちが)つらい
- □ 緊張している
- □ 気楽である
- □ 一生懸命勉強する
- □ 可能である
- □ 痛快である
- □ 危険である
- □ 普通でない
- □ 熱烈である
- □ 複雑である
- □ 同一である

20日目 動詞6

Check 1 020

□ 229 ✎長

长

zhǎng

❗ 動 **成長する、大きくなる**

形 长 cháng（長い）

□ 230

死

sǐ

動 **死ぬ**

人が亡くなったことを言うときは、“**死了**”といった直接的な表現は避け、“**走了** zǒu le”、“**去世了** qùshì le”のような婉曲表現を使う

□ 231

生病

shēng▼bìng

動 **病気になる**

□ 232

咳嗽

késou

動 **せきをする**

□ 233 ✎発焼

发烧

fā▼shāo

動 **熱が出る、発熱する**

感冒 gǎnmào（風邪を引く）
头疼 tóuténg（頭痛がする）
体温は日本語と同じく“**38度** sānshibā dù”のように言う

□ 234

看病

kàn▼bìng

❗ 動 **（医者が）診察する、（患者が）診察を受ける**

继续
▼

“看病”のように、医者か患者かという立場の違いで日本語の意味が変わる単語があります。“上课”もそうですね。

Check 2

069

他又长高了。
Tā yòu zhǎnggāo le.
彼はまた背が伸びました。

他家的小狗死了。
Tā jiā de xiǎogǒu sǐ le.
彼の家の子犬が死にました。

她经常生病。
Tā jīngcháng shēngbìng.
彼女はしょっちゅう病気をしています。

我今天有点儿咳嗽。
Wǒ jīntiān yǒudiǎnr késou.
今日は少しせきが出ます。

你现在还发烧吗?
Nǐ xiànzài hái fāshāo ma?
今まだ熱がありますか。

李大夫在给病人看病。Lǐ dàifu zài gěi bìngrén kànbìng.
李先生は病人を診察中です。

她要去医院看病。Tā yào qù yīyuàn kànbìng.
彼女は病院へ診察を受けに行かなければなりません。

继续
▼

動詞6

Check 1

020

□ 235 ✎検査

检查

jiǎnchá

動 **検査する、点検する、調べる**

□ 236 ✎聯繋

联系

liánxì

動 **連絡する**

"**跟**"＋人＋"**联系**"の形で「～に連絡する」

□ 237 ✎網

上网

shàngwǎng

動 **インターネットに接続する**

□ 238 ✎顧

照顾

zhàogù

動 **世話を焼く、優待する、配慮する**

□ 239 ✎録

录音

lù▾yīn

動 **録音する**

名 **录音** lùyīn（録音）

录像 lù▾xiàng（録画する）

□ 240 ✎広

广播

guǎngbō

動 **放送する**

名 番組、放送

19日目 019
Quick Review
答えは次頁

□ 见面	□ 安排	□ 握手
□ 遇到	□ 访问	□ 迎接
□ 约会	□ 问好	□ 帮忙
□ 请客	□ 问候	□ 开车

Check 2

069

你可以检查一下。
Nǐ kěyǐ jiǎnchá yíxià.
ちょっと検査をしてみたら。

你明天跟他联系一下。
Nǐ míngtiān gēn tā liánxì yíxià.
明日彼にちょっと連絡してください。

我的房间不能上网。
Wǒ de fángjiān bù néng shàngwǎng.
私の部屋はネットに接続できません。

你能帮我照顾一下孩子吗?
Nǐ néng bāng wǒ zhàogù yíxià háizi ma?
子供の世話をちょっと手伝ってもらえませんか。

录音需要两个小时。
Lùyīn xūyào liǎng ge xiǎoshí.
録音には 2 時間かかります。

我要找人，请帮我广播一下。 Wǒ yào zhǎo rén, qǐng bāng wǒ guǎngbō yíxià.
人を探したいのですが、放送をお願いできますか。

我听日语广播。 **Wǒ tīng Rìyǔ guǎngbō.**
私は日本語の放送を聞きます。

- □ 会う
- □ (人やものに)出くわす
- □ 会う約束をする
- □ ごちそうする
- □ 手配する
- □ 訪問する
- □ 機嫌を伺う
- □ あいさつする
- □ 握手する
- □ 迎える
- □ 手伝う
- □ (車を)運転する

動詞7

Check 1

021

□ 241 ✎動

活动

huódòng

動 体を動かす、運動する
名 活動

□ 242 ✎挙

举行

jǔxíng

動 催す、行う

□ 243

跳舞

tiào▼wǔ

動 踊る

□ 244 ✎歩

跑步

pǎo▼bù

動 駆け足をする、ジョギングをする

□ 245 ✎鍛錬

锻炼

duànliàn

動 鍛える、鍛錬する、トレーニングする

□ 246 ✎賽

比赛

bǐsài

動 試合する
名 → 430

继续
▼

スポーツ観戦などでの声援は大きな声で“加油！ Jiāyóu!”と言いましょう。

Check 2 070

我们去散散步，活动一下身体吧。 Wǒmen qù sànsan bù, huódòng yíxià shēntǐ ba.
ちょっと散歩して、体を動かしましょう。

他常常参加社会活动。 Tā chángcháng cānjiā shèhuì huódòng.
彼はよく社会活動に参加します。

你们什么时候举行婚礼？
Nǐmen shénme shíhou jǔxíng hūnlǐ?
あなたたちはいつ結婚式を挙げるのですか。

我们一起跳舞吧。
Wǒmen yìqǐ tiàowǔ ba.
私たち一緒に踊りましょう。

他每天早上都跑步，锻炼身体。
Tā měi tiān zǎoshang dōu pǎobù, duànliàn shēntǐ.
彼は毎朝ジョギングし、体を鍛えています。

我爷爷每天早上都去公园锻炼身体。
Wǒ yéye měi tiān zǎoshang dōu qù gōngyuán duànliàn shēntǐ.
祖父は毎朝、公園に行ってトレーニングしています。

晚上比赛篮球。 Wǎnshang bǐsài lánqiú.
夜にバスケットボールの試合をします。

明天有一场足球比赛。 Míngtiān yǒu yì chǎng zúqiú bǐsài.
明日はサッカーの試合があります。

继续
▼

動詞7

Check 1 021

□ 247 **赢** yíng	動 勝つ ⇔ 输 shū（負ける）
□ 248 ✎輸 **输** shū	! 動 負ける ⇔ 赢 yíng（勝つ）
□ 249 ✎勝 **胜利** shènglì	動 勝利する 名 勝利
□ 250 ✎賀 **祝贺** zhùhè	動 祝う、祝賀する
□ 251 **加油** jiā▼yóu	動（仕事・競技で）頑張る、給油する
□ 252 ✎動 **感动** gǎndòng	動 感動する

20日目 020
Quick Review
答えは次頁

□ 长	□ 发烧	□ 上网
□ 死	□ 看病	□ 照顾
□ 生病	□ 检查	□ 录音
□ 咳嗽	□ 联系	□ 广播

Check 2

070

这场比赛我们一定能赢！
Zhè chǎng bǐsài wǒmen yídìng néng yíng!
この試合、私たちはきっと勝つことができます！

足球比赛我们班输了。
Zúqiú bǐsài wǒmen bān shū le.
サッカーの試合は私たちのクラスが負けました。

我们胜利了！ **Wǒmen shènglì le!**
勝ったぞ！

日本队取得了最后的胜利。 **Rìběnduì qǔdéle zuìhòu de shènglì.**
日本チームは最後の勝利を勝ち取りました。

祝贺你取得了好成绩。
Zhùhè nǐ qǔdéle hǎo chéngjì.
よい成績を収められ、おめでとうございます。

今天的考试我们一起加油吧。
Jīntiān de kǎoshì wǒmen yìqǐ jiāyóu ba.
今日の試験、一緒に頑張りましょう。

听了你的话我太感动了。
Tīngle nǐ de huà wǒ tài gǎndòng le.
あなたの話を聞いてたいへん感動しました。

- □ 成長する
- □ 死ぬ
- □ 病気になる
- □ 咳をする
- □ 熱が出る
- □ (医者が)診察する
- □ 検査する
- □ 連絡する
- □ インターネットに接続する
- □ 世話を焼く
- □ 録音する
- □ 放送する

まとめて覚えよう　－ 日本人の名前

中国では日本人の名前は簡体字で表記し、中国語の発音で読みます。

日本人の名字	
佐藤	Zuǒténg
铃木(鈴木)	Língmù
高桥(高橋)	Gāoqiáo
田中	Tiánzhōng
渡边(渡辺)	Dùbiān
伊藤	Yīténg
山本	Shānběn
中村	Zhōngcūn
小林	Xiǎolín
村上	Cūnshàng

日本人の名前	
阳葵(陽葵)	Yángkuí
凛	Lǐn
结菜(結菜)	Jiécài
莉子	Lìzǐ
葵	Kuí
翔	Xiáng
苍(蒼)	Cāng
树(樹)	Shù
翔太	Xiángtài
律	Lǜ

キクタン中国語

4週目

✓学習したらチェック!

- ■ 22日目 名詞 12
- ■ 23日目 名詞 13
- ■ 24日目 代詞 1
- ■ 25日目 形容詞 4
- ■ 26日目 動詞 8
- ■ 27日目 動詞 9
- ■ 28日目 副詞 1

中国語で言ってみよう！

あっさりめの料理はありますか。

（答えは 289）

名詞12

Check 1 022

□ 253
西餐
xīcān
名 **西洋料理、洋食**

□ 254
中餐
zhōngcān
名 **中国料理、中華料理**
中餐厅 zhōngcāntīng　（ホテルなどにある）中華料理のレストラン

□ 255
快餐
kuàicān
名 **ファストフード**
快餐店 kuàicāndiàn　ファストフード店

□ 256
食品
shípǐn
名 **食品**

□ 257 単
菜单
càidān
名 **メニュー**
看菜单 kàn càidān　メニューを見る
同 菜谱 càipǔ
パソコンの操作メニューも "**菜单** càidān"

□ 258
米
mǐ
名 **米**
同 大米 dàmǐ

继续
▼

広い中国では同じ意味でも地域で異なる単語を使います。"西红柿"vs"番茄"、"这儿"vs"这里"などが代表的です。

Check 2

071

我喜欢吃西餐。

Wǒ xǐhuan chī xīcān.

私は西洋料理［を食べるの］が好きです。

我们晚上吃中餐吧！

Wǒmen wǎnshang chī zhōngcān ba!

夜は中国料理を食べましょう！

他很注意健康，几乎不吃快餐。

Tā hěn zhùyì jiànkāng, jīhū bù chī kuàicān.

彼は健康に注意していて、ほとんどファストフードを食べません。

她以前在食品商店工作。

Tā yǐqián zài shípǐn shāngdiàn gōngzuò.

彼女は以前食料品店で働いていました。

有日语的菜单吗？

Yǒu Rìyǔ de càidān ma?

日本語のメニューはありますか。

我买了两斤米。

Wǒ mǎile liǎng jīn mǐ.

私は 2 斤（1 キロ）米を買いました。

继续
▼

名詞12

Check 1 🎧022

□ 259 ✎麺
面
miàn

❗ 名 **麺、小麦粉**
一碗面 yì wǎn miàn　1杯のラーメン
量（平たいものを数える）～枚

□ 260 ✎麺条
面条
miàntiáo

名 **麺**

□ 261 ✎紅
西红柿
xīhóngshì

名 **トマト**
＝番茄 fānqié

□ 262
蔬菜
shūcài

名 **野菜**

□ 263
白菜
báicài

名 **白菜**

□ 264
茄子
qiézi

名 **ナス**
写真を撮るときに“一二三，茄子！ Yī èr sān, qiézi!”（はい、チーズ！）のように声をかける

21日目 🎧021
Quick Review
答えは次頁

□ 活动	□ 锻炼	□ 胜利
□ 举行	□ 比赛	□ 祝贺
□ 跳舞	□ 赢	□ 加油
□ 跑步	□ 输	□ 感动

Check 2

071

你吃米饭还是吃面?

Nǐ chī mǐfàn háishi chī miàn?

あなたはご飯を食べますか、それとも麺を食べますか。

我非常喜欢吃面条。

Wǒ fēicháng xǐhuan chī miàntiáo.

私は麺［を食べるの］が非常に好きです。

我的拿手菜是西红柿炒鸡蛋。

Wǒ de náshǒucài shì xīhóngshì chǎo jīdàn.

私の得意料理はトマトと卵の炒め物です。

我喜欢吃蔬菜。

Wǒ xǐhuan chī shūcài.

私は野菜［を食べるの］が好きです。

我今天做猪肉白菜饺子。

Wǒ jīntiān zuò zhūròu báicài jiǎozi.

私は今日豚肉と白菜の餃子を作ります。

他不吃茄子。

Tā bù chī qiézi.

彼はナスを食べません。

- □ 活動する
- □ 催す
- □ 踊る
- □ 駆け足をする
- □ 鍛える
- □ 試合する
- □ 勝つ
- □ 負ける
- □ 勝利する
- □ 祝う
- □（仕事・競技で）頑張る
- □ 感動する

23日目 名詞13

Check 1 023

□ 265
土豆
tǔdòu
名 ジャガイモ
量 块 kuài

□ 266
玉米
yùmǐ
名 トウモロコシ
玉米汤 yùmǐtāng　コーンスープ

□ 267
橘子
júzi
名 ミカン
=桔子 júzi

□ 268
香蕉
xiāngjiāo
名 バナナ
量 根 gēn

□ 269 ✎糖
糖
táng
名 砂糖、あめ
放糖 fàng táng　砂糖を入れる
量 块 kuài、颗 kē

□ 270 ✎塩
盐
yán
名 塩

继续
▼

“包子”は餡入り、“馒头”は餡なし、肉が入っていれば“肉包子”、野菜が入っていれば“菜包子”と言います。

Check 2

072

土豆吃完了，我去买一点儿。

Tǔdòu chīwán le, wǒ qù mǎi yìdiǎnr.

ジャガイモがなくなった（食べ終わった）ので、ちょっと買いに行きます。

他爱吃煮玉米。

Tā ài chī zhǔ yùmǐ.

彼はゆでたトウモロコシが好物です。

我要一杯橘子汁。

Wǒ yào yì bēi júzizhī.

オレンジジュースを１杯下さい。

我每天早上吃一根香蕉。

Wǒ měi tiān zǎoshang chī yì gēn xiāngjiāo.

私は毎朝バナナを１本食べます。

你喝咖啡的时候放不放糖?

Nǐ hē kāfēi de shíhou fàng bu fàng táng?

コーヒーを飲むときに砂糖を入れますか。

菜里少放一点儿盐。

Cài li shǎo fàng yìdiǎnr yán.

料理に少なめに塩を入れます。

继续
▼

名詞13

Check 1 023

□ 271 ✎醤
酱油
jiàngyóu
名 しょうゆ

□ 272
醋
cù
名 酢
吃醋 chī▼cù　焼きもちを焼く

□ 273 ✎包
包子
bāozi
名 パオズ（中国式まんじゅう）
肉包子 ròu bāozi　肉まん
菜包子 cài bāozi　野菜まん
豆沙包 dòushā bāo　あんまん

□ 274
巧克力
qiǎokèlì
名 チョコレート
同 朱古力 zhūgǔlì

□ 275
自来水
zìláishuǐ
名 水道、水道水

□ 276 ✎開
开水
kāishuǐ
名（沸騰した）湯、熱湯
白开水 bái kāishuǐ　さゆ

22日目 022
Quick Review
答えは次頁

□ 西餐	□ 菜单	□ 西红柿
□ 中餐	□ 米	□ 蔬菜
□ 快餐	□ 面	□ 白菜
□ 食品	□ 面条	□ 茄子

Check 2

酱油别放太多。
Jiàngyóu bié fàng tài duō.
しょうゆを入れすぎないように。

吃饺子的时候一定要有醋。
Chī jiǎozi de shíhou yídìng yào yǒu cù.
ギョウザを食べるときは必ず酢がいります。

这家店的包子很好吃。
Zhè jiā diàn de bāozi hěn hǎochī.
この店のパオズはおいしいです。

我还是最喜欢巧克力。
Wǒ háishi zuì xǐhuan qiǎokèlì.
私はやはりチョコレートが一番好きです。

山上没有自来水。
Shān shang méiyǒu zìláishuǐ.
山の上には水道がありません。

请按时吃药，多喝开水。
Qǐng ànshí chī yào, duō hē kāishuǐ.
時間どおりに薬を飲み、たくさんお湯を飲んでください。

- □ 西洋料理
- □ 中国料理
- □ ファストフード
- □ 食品
- □ メニュー
- □ 米
- □ 麺
- □ 麺
- □ トマト
- □ 野菜
- □ 白菜
- □ ナス

代詞 1

Check 1

🎧 024

□ 277 ✎辺
这边
zhèbiān
代 こちら、ここ

□ 278 ✎辺
那边
nàbiān
代 あちら、そちら、あそこ、そこ

□ 279 ✎様
这样
zhèyàng
代 このような

□ 280 ✎様
那样
nàyàng
代 あのような、そのような

□ 281 ✎様
怎样
zěnyàng
代 どんな、どのような、どういう

□ 282
有的
yǒude
代 あるもの
有的人 yǒude rén　ある人

继续
▼

“别人”のように、発音の違いで品詞や意味が異なるものもありますね。“东西”や“结果”の意味の違いを調べてみましょう。

Check 2

073

请这边走。
Qǐng zhèbiān zǒu.
どうぞこちらのほうへ。

那边有椅子，我们去坐一坐吧。
Nàbiān yǒu yǐzi, wǒmen qù zuò yi zuò ba.
あそこに椅子があるので、行ってちょっと座りましょう。

他就是这样一个热情的人。 Tā jiùshì zhèyàng yí ge rèqíng de rén.
彼はまさにこのように親切な人です。

这个字应该这样写。 Zhège zì yīnggāi zhèyàng xiě.
この字はこのように書くべきです。

事情不是你想的那样。
Shìqing bú shì nǐ xiǎng de nàyàng.
事はあなたが考えているようなものではありません。

她是怎样一个人呢?
Tā shì zěnyàng yí ge rén ne?
彼女はどのような人ですか。

有的人喜欢喝咖啡，有的人喜欢喝红茶。
Yǒude rén xǐhuan hē kāfēi, yǒude rén xǐhuan hē hóngchá.
コーヒーが好きな人もいれば、紅茶が好きな人もいます。

继续
▼

代詞1

Check 1

🎧 024

□ 283

代 ある一部（の）、ある、一部（の）

有些

yǒuxiē

□ 284

代 自分

自己

zìjǐ

□ 285

代 そのほか

其他

qítā

□ 286 ✎別

! 代 他人

名 别人 biérén（ほかの人）

别人

biéren

□ 287

代 ～など

什么的

shénmede

□ 288 ✎様

代 どんな

什么样

shénmeyàng

23日目 🎧023
Quick Review
答えは次頁

□ 土豆	□ 糖	□ 包子
□ 玉米	□ 盐	□ 巧克力
□ 橘子	□ 酱油	□ 自来水
□ 香蕉	□ 醋	□ 开水

Check 2 073

有些人不同意他的意见。
Yǒuxiē rén bù tóngyì tā de yìjian.
一部の人は彼の意見に賛成しません。

你自己去吧。
Nǐ zìjǐ qù ba.
あなた自分で行きなさいよ。

还有其他问题吗?
Hái yǒu qítā wèntí ma?
そのほかに質問はありますか。

你多听听别人的意见。Nǐ duō tīngting biéren de yìjian.
他人の意見をよく聞いてください。

家里只有我，没有别人。Jiā li zhǐyǒu wǒ, méiyǒu biérén.
家には私だけで、ほかの人はいません。

我喜欢喝啤酒、葡萄酒什么的。
Wǒ xǐhuan hē píjiǔ、pútaojiǔ shénmede.
私はビールやワインなどを飲むのが好きです。

你想找什么样的工作?
Nǐ xiǎng zhǎo shénmeyàng de gōngzuò?
あなたはどんな仕事を見つけたいですか。

- □ ジャガイモ
- □ トウモロコシ
- □ ミカン
- □ バナナ
- □ 砂糖
- □ 塩
- □ しょうゆ
- □ 酢
- □ パオズ
- □ チョコレート
- □ 水道
- □ (沸騰した)湯

25日目 形容詞4

Check 1 025

□ 289
清淡
qīngdàn
形 あっさりしている、薄い
⇔ 油腻 yóunì（油っこい）

□ 290 ✎膩
油腻
yóunì
形 油っこい、しつこい
⇔ 清淡 qīngdàn（あっさりしている）

□ 291
熟
shú
形 熟している、煮えている、よく知っている
⇔ 生 shēng（熟していない、生である）

□ 292
香
xiāng
! 形 芳しい、味がよい、ぐっすり眠る
⇔ 臭 chòu（くさい）

□ 293 ✎濃
浓
nóng
形（色や味が）濃い、深い
⇔ 淡 dàn（薄い）

□ 294
淡
dàn
! 形（色や味が）薄い
⇔ 浓 nóng（濃い）

继续
▼

“浓”で“油腻”というイメージの中国料理ですが、地域によって味付けが異なり“南甜北咸、東辣西酸”と言われます。

Check 2

074

有清淡一点儿的菜吗?
Yǒu qīngdàn yìdiǎnr de cài ma?
あっさりめの料理はありますか。

这个菜有点儿油腻。
Zhège cài yǒudiǎnr yóunì.
この料理はちょっと油っこいです。

树上的柿子已经熟了。 **Shù shang de shìzi yǐjīng shú le.**
木の上のカキはもう熟しました。

饭熟了。 **Fàn shú le.**
ご飯が炊けました。

这种花很香。 **Zhè zhǒng huā hěn xiāng.**
この種類の花は芳しい。

昨天孩子睡得很香。 **Zuótiān háizi shuìde hěn xiāng.**
昨日子供はぐっすり眠りました。

这杯咖啡太浓了。
Zhè bēi kāfēi tài nóng le.
このコーヒーは濃すぎます。

今天的茶有点儿淡。
Jīntiān de chá yǒudiǎnr dàn.
今日のお茶は少し薄いです。

继续
▼

形容詞4

Check 1

025

□ 295 ✎新鮮

新鲜

xīnxian

形 新鮮である、新しい

□ 296 ✎髒

脏

zāng

形 汚い

⇔ 干净 gānjìng（きれい）

□ 297 ✎詳細

详细

xiángxì

形 詳しい、詳細である、細かに

□ 298

原来

yuánlái

形 元の、当初

副 元々は、当初は、なんと～であったか

名 当初、以前

□ 299 ✎順

顺利

shùnlì

形 順調である

□ 300

随便

suíbiàn

形 勝手気ままである、気まぐれである

動 随便 suí▾biàn（都合のよいようにする、随意にする）

24日目 024
Quick Review
答えは次頁

□ 这边
□ 那边
□ 这样
□ 那样

□ 怎样
□ 有的
□ 有些
□ 自己

□ 其他
□ 别人
□ 什么的
□ 什么样

这个苹果很新鲜。
Zhège píngguǒ hěn xīnxian.
このリンゴは新鲜です。

我的衣服脏了。
Wǒ de yīfu zāng le.
服が汚れました。

请再说详细一点儿。
Qǐng zài shuō xiángxì yìdiǎnr.
もうちょっと詳しく話してください。

她还住在原来的地方。Tā hái zhùzài yuánlái de dìfang.
彼女はまだ元のところに住んでいます。

我原来住在车站对面。Wǒ yuánlái zhùzài chēzhàn duìmiàn.
私はもともとは駅の向かいに住んでいました。

祝你工作顺利。
Zhù nǐ gōngzuò shùnlì.
お仕事が順調でありますように。

我随便看看。Wǒ suíbiàn kànkan.
(お店などで商品を) 私は自由に見ます。

去不去随你的便。Qù bu qù suí nǐ de biàn.
行くも行かないもあなたのご自由に。

- □ こちら
- □ あちら
- □ このような
- □ あのような
- □ どんな
- □ あるもの
- □ ある一部(の)
- □ 自分
- □ そのほか
- □ 他人
- □ ～など
- □ どんな

動詞8

Check 1

026

□ 301 ✎天

聊天ル

liáo▾tiānr

動 おしゃべりをする、世間話をする、雑談をする

□ 302 ✎説話

说话

shuō▾huà

動 話す

□ 303 ✎話

会话

huìhuà

! 動（多く外国語で）会話をする

名 会話

□ 304 ✎対話

对话

duìhuà

動 対話する

□ 305

回答

huídá

動 返答する、答える

回答问题 huídá wèntí　質問に回答する

□ 306 ✎應

答应

dāying

動 返事をする、承知する

继续
▼

r化について確認しましょう。nの後ろにくる場合はnを発音せず直前の音からくるっと舌を丸めて発音します。

Check 2

075

我刚才在和朋友聊天儿呢。
Wǒ gāngcái zài hé péngyou liáotiānr ne.
私はさっき友達とおしゃべりをしていました。

我不太会说话。
Wǒ bú tài huì shuōhuà.
私はあまり話し上手ではありません。

我不能用英语会话。 **Wǒ bù néng yòng Yīngyǔ huìhuà.**
私は英語で会話をすることができません。

他的会话水平提高了。 **Tā de huìhuà shuǐpíng tígāo le.**
彼の会話レベルはアップしました。

国家和国家应该友好对话。
Guójiā hé guójiā yīnggāi yǒuhǎo duìhuà.
国と国は友好的な対話をするべきです。

老师回答了同学们的问题。
Lǎoshī huídále tóngxuémen de wèntí.
先生は学生たちの質問に答えました。

她敲门，没人答应。 **Tā qiāo mén, méi rén dāying.**
彼女はドアをたたいたが、誰も返事をしなかった。

爸爸终于答应了我的要求。 **Bàba zhōngyú dāyingle wǒ de yāoqiú.**
父はようやく私の要望に応えてくれました。

继续
▼

動詞8

Check 1

026

□ 307 ✎説明

说明

shuōmíng

動 **説明する**

□ 308

表示

biǎoshì

動 **表す、示す、言い表す**

□ 309

通知

tōngzhī

動 **通知する、知らせる**

□ 310 ✎賛

赞成

zànchéng

動 **賛成する、同意する**

“同意”より積極的に賛成する

□ 311 ✎反対

反对

fǎnduì

動 **反対する**

⇔ 同意 tóngyì

“不同意”よりも強く反対する

□ 312 ✎討論

讨论

tǎolùn

動 **討論する**

讨论问题 tǎolùn wèntí　問題を討論する

名 討論

25日目 025
Quick Review
答えは次頁

□ 清淡	□ 浓	□ 详细
□ 油腻	□ 淡	□ 原来
□ 熟	□ 新鲜	□ 顺利
□ 香	□ 脏	□ 随便

请简单说明一下。
Qǐng jiǎndān shuōmíng yíxià.
ちょっと簡単に説明してください。

我代表全体同学向你表示感谢。
Wǒ dàibiǎo quántǐ tóngxué xiàng nǐ biǎoshì gǎnxiè.
学生一同を代表して、感謝の意を表します。

我通知你们一个坏消息。
Wǒ tōngzhī nǐmen yí ge huài xiāoxi.
私はあなたたちに悪い知らせを伝えます。

我赞成他的计划。
Wǒ zànchéng tā de jìhuà.
彼のプロジェクトに賛成します。

她经常反对我的意见。
Tā jīngcháng fǎnduì wǒ de yìjian.
彼女はいつも私の意見に反対します。

我们讨论了这个问题。 Wǒmen tǎolùnle zhège wèntí.
私たちはこの問題を討論しました。

这是一次有意义的讨论。 Zhè shì yí cì yǒu yìyì de tǎolùn.
これは有意義な討論でした。

- □ あっさりしている
- □ 油っこい
- □ 熟している
- □ 芳しい
- □ (色や味が)濃い
- □ (色や味が)薄い
- □ 新鮮である
- □ 汚い
- □ 詳しい
- □ 元の
- □ 順調である
- □ 勝手気ままである

動詞9

Check 1

027

□ 313 ✎決

决定

juédìng

動 **決定する**

名 決定

□ 314 ✎解決

解决

jiějué

動 **解決する**

解决问题 jiějué wèntí 問題を解決する

□ 315

掌握

zhǎngwò

動 **身につける、マスターする**

□ 316 ✎勧

劝

quàn

動 **忠告する、勧める**

□ 317 ✎別

区别

qūbié

動 **区別する**

名 違い、区別

□ 318

希望

xīwàng

動 **希望する、～したいと思う**

名 希望、望み

继续
▼

xianの音に注目してみましょう。xiang、shang、shenといった音と間違えやすいので「音節表」をよく確認して練習しましょう。

Check 2

076

我决定明天开车去。 Wǒ juédìng míngtiān kāichē qù.
私は明日車で行くことに決めました。

同学们对学校的决定有意见。 Tóngxuémen duì xuéxiào de juédìng yǒu yìjian.
学生たちは学校の決定に不満を持っています。

我们还要解决很多难题。
Wǒmen hái yào jiějué hěn duō nántí.
私たちはまだたくさんの難問を解決しなければなりません。

我掌握了两门外语。
Wǒ zhǎngwòle liǎng mén wàiyǔ.
私は 2 カ国語をマスターしました。

妈妈劝爸爸注意休息。
Māma quàn bàba zhùyì xiūxi.
お母さんはお父さんにちゃんと休むように忠告しました。

您能区别这两个词吗? Nín néng qūbié zhè liǎng ge cí ma?
この 2 つの単語を区別できますか。

这两个词有什么区别吗? Zhè liǎng ge cí yǒu shénme qūbié ma?
この 2 つの単語には何か区別がありますか。

我希望去中国留学。 Wǒ xīwàng qù Zhōngguó liúxué.
私は中国に留学したいと思っています。

你的希望一定能实现。 Nǐ de xīwàng yídìng néng shíxiàn.
あなたの希望はきっと実現します。

继续
▼

動詞9

Check 1

027

□ 319

要求

yāoqiú

動 要求する、請求する、希望する

名 希望、要求

動 要 yào（欲しい）

□ 320

需要

xūyào

動 必要である、手に入れたいと思う

名 必要、要求、需要

□ 321

得

dé

動 得る、手に入れる

□ 322

得到

dé▾dào

動 手に入れる

□ 323 発現

发现

fāxiàn

動 発見する、気づく

□ 324 選択

选择

xuǎnzé

動 選択する、選ぶ

26日目 026
Quick Review
答えは次頁

□ 聊天儿	□ 回答	□ 通知
□ 说话	□ 答应	□ 赞成
□ 会话	□ 说明	□ 反对
□ 对话	□ 表示	□ 讨论

Check 2

076

老师要求我们认真复习。 Lǎoshī yāoqiú wǒmen rènzhēn fùxí.
先生は私たちに真剣に復習するよう求めた。

各位还有什么要求吗？ Gèwèi hái yǒu shénme yāoqiú ma?
皆さんほかに何かご要望はありますか。

他需要一本词典。 Tā xūyào yì běn cídiǎn.
彼は辞書が 1 冊必要です。

这是市场的需要。 Zhè shì shìchǎng de xūyào.
これは市場の要求です。

他汉语考试得了最高分。
Tā Hànyǔ kǎoshì déle zuìgāo fēn.
彼は中国語の試験で最高点を取りました。

我得到了很多人的帮助。
Wǒ dédàole hěn duō rén de bāngzhù.
私はたくさんの人の助けを得ました。

我们也刚刚发现这个情况。
Wǒmen yě gānggāng fāxiàn zhège qíngkuàng.
私たちもこの状況に気づいたばかりです。

我三年前选择了现在的工作。
Wǒ sān nián qián xuǎnzéle xiànzài de gōngzuò.
私は3年前に今の仕事を選びました。

- □ おしゃべりをする
- □ 話す
- □ (多く外国語で)会話をする
- □ 対話する
- □ 返答する
- □ 返事をする
- □ 説明する
- □ 表す
- □ 通知する
- □ 賛成する
- □ 反対する
- □ 討論する

副詞1

Check 1

🎧 028

□ 325 **挺** tǐng	副 **とても、かなり** "挺～的" の形で使われる。
□ 326 **多么** duōme	副 **なんと** 代 (疑問文に用い数量や程度を尋ねる) どのくらい
□ 327 ✎微 **稍微** shāowēi	副 **少し**
□ 328 **十分** shífēn	副 **十分に、非常に、たいへん**
□ 329 **完全** wánquán	副 **全く、すべて**
□ 330 **常** cháng	副 **いつも、よく**

继续
▼

中国語の発音でnかngか迷ったら、日本語の音読みで「ーン」ならn、「ーイ/ーウ」ならngと覚えておきましょう。

Check 2

077

他汉语讲得挺不错的。
Tā Hànyǔ jiǎngde tǐng búcuò de.
彼の中国語はなかなか上手ですね。

这幅画多么好看呀！ **Zhè fú huà duōme hǎokàn ya !**
この絵はなんと美しいことか！

不管多么冷，他都去公园运动。 Bùguǎn duōme lěng, tā dōu qù gōngyuán yùndòng.
どんなに寒くても、彼は公園に運動しに行きます。

可以稍微休息一下。
Kěyǐ shāowēi xiūxi yíxià.
ちょっと休憩してもいいですよ。

他十分高兴。
Tā shífēn gāoxìng.
彼は非常に喜んでいます。

我完全不记得这件事了。
Wǒ wánquán bú jìde zhè jiàn shì le.
私はこのことを全く覚えていません。

有空儿常来我家玩儿吧。
Yǒu kòngr cháng lái wǒ jiā wánr ba.
暇なときにはちょくちょくわが家に遊びに来てくださいね。

继续
▼

副詞 1

Check 1 028

□ 331
往往
wǎngwǎng
副 往々にして、ややもすれば、しばしば

□ 332 総
总是 / 总
zǒngshì/zǒng
副 いつも、いつまでも

□ 333
一下子
yíxiàzi
副 いきなり、しばらくすると、一挙に
≒ 一下 yíxià

□ 334
首先
shǒuxiān
副 最初に、まず
代 第一に

□ 335
忽然
hūrán
副 急に、思いがけなく

□ 336
立刻
lìkè
副 すぐに
≒ 马上 mǎshàng

27日目 027
Quick Review
答えは次頁

□ 决定
□ 解决
□ 掌握
□ 劝

□ 区别
□ 希望
□ 要求
□ 需要

□ 得
□ 得到
□ 发现
□ 选择

Check 2

077

年轻人往往有自己的想法。
Niánqīngrén wǎngwǎng yǒu zìjǐ de xiǎngfa.
若者には往々にして自分の考え方があります。

他总是躺着看书。
Tā zǒngshì tǎngzhe kàn shū.
彼はいつも寝転がりながら本を読んでいます。

她一下子哭起来了。
Tā yíxiàzi kūqilai le.
彼女はいきなり泣き出しました。

首先让我介绍一下自己。
Shǒuxiān ràng wǒ jièshào yíxià zìjǐ.
最初に私から自己紹介をさせてください。

我正要出门，忽然下起雨来了。
Wǒ zhèng yào chūmén, hūrán xiàqi yǔ lai le.
出かけようとしたら、急に雨が降り出した。

请你立刻来公司一下。
Qǐng nǐ lìkè lái gōngsī yíxià.
すぐに会社に来てください。

- □ 決定する
- □ 解決する
- □ 身につける
- □ 忠告する
- □ 区別する
- □ 希望する
- □ 要求する
- □ 必要である
- □ 得る
- □ 手に入れる
- □ 発見する
- □ 選択する

まとめて覚えよう　ー 敬称

中国人に呼びかけるとき、親しい間柄であれば、“李红”のように姓名で呼んだり、“丽丽”のように名前で呼んだりしますが、“李”のように姓だけでは呼びかけず、何らかの敬称をつけて呼びます。また日本人に対しては、“高桥”のように2字以上の名字の場合、上下関係に関係なく親しい間柄であれば、敬称をつけずに呼びます。

敬称	説明	例	ピンイン
先生	男性に対して	黄先生	Huáng xiānsheng
小姐	女性に対して	杨小姐	Yáng xiǎojiě
女士	女性に対して	张女士	Zhāng nǚshì
老师	教師・先生に対して	李老师	Lǐ lǎoshī
同学	学生同士、教師から学生 ※中国人の学生に対しては一般的にフルネーム＋“同学”の形で使い、仲が良い場合はフルネームで呼ぶ	陈宏同学	Chén Hóng tóngxué
小	子供や親しい同輩、後輩の姓や名前の前につける	小刘	Xiǎo- Liú
老	親しい年長者、同輩の1字姓の前につけ、親しさを表す	老赵	Lǎo- Zhào

キクタン中国語

5週目

✓学習したらチェック!

- ■ 29日目 名詞 14
- ■ 30日目 名詞 15
- ■ 31日目 名詞 16 ／代詞 2 ／前置詞 1
- ■ 32日目 形容詞 5
- ■ 33日目 動詞 10
- ■ 34日目 動詞 11
- ■ 35日目 副詞 2 ／接続詞 1

中国語で言ってみよう！

かばんが盗まれました。

（答えは 369）

名詞14

Check 1 029

□ 337 ✎鉱

矿泉水

kuàngquánshuǐ

名 ミネラルウォーター
量 杯 bēi、瓶 píng

□ 338

葡萄酒

pútaojiǔ

名 ワイン
関 红酒 hóngjiǔ（赤ワイン）
量 杯 bēi、瓶 píng

□ 339 ✎緑茶

绿茶

lǜchá

名 緑茶
量 杯 bēi

□ 340 ✎烏竜茶

乌龙茶

wūlóngchá

名 ウーロン茶
量 杯 bēi

□ 341 ✎花茶

花茶

huāchá

名 花茶
関 茉莉花茶 mòlihuāchá（ジャスミン茶）
量 杯 bēi

□ 342

果汁

guǒzhī

名 果汁、ジュース
量 杯 bēi、瓶 píng

继续
▼

中国のお茶には“无糖”（無糖）と“有糖”（砂糖入り）の2種類あるものがあります。よく見て買いましょう！

Check 2

078

我买了一瓶矿泉水。
Wǒ mǎile yì píng kuàngquánshuǐ.
私はミネラルウォーターを1本買いました。

我习惯每天喝一杯葡萄酒。
Wǒ xíguàn měi tiān hē yì bēi pútaojiǔ.
私は毎日ワインを1杯飲むのを習慣にしています。

我喜欢喝绿茶。
Wǒ xǐhuan hē lǜchá.
私は緑茶［を飲むの］が好きです。

我不太爱喝乌龙茶。
Wǒ bú tài ài hē wūlóngchá.
私はウーロン茶［を飲むの］があまり好きではありません。

你喝过花茶吗?
Nǐ hēguo huāchá ma?
あなたは花茶を飲んだことがありますか。

你想不想喝果汁?
Nǐ xiǎng bu xiǎng hē guǒzhī?
あなたはジュースを飲みたいですか。

继续
▼

名詞14

Check 1 029

□ 343 ✎話
普通话
pǔtōnghuà
名（現代中国語の）標準語

□ 344 ✎語
语言
yǔyán
名 言語、言葉

□ 345 ✎語
语法
yǔfǎ
名 文法

□ 346 ✎発
发音
fāyīn
名 発音

□ 347
拼音
pīnyīn
名 ピンイン
中国語のローマ字表記法

□ 348 ✎調
声调
shēngdiào
名 声調

28日目 028
Quick Review
答えは次頁

□ 挺
□ 多么
□ 稍微
□ 十分
□ 完全
□ 常
□ 往往
□ 总是／总
□ 一下子
□ 首先
□ 忽然
□ 立刻

Check 2

078

我爷爷不会说普通话。

Wǒ yéye bú huì shuō pǔtōnghuà.

私の祖父は標準語が話せません。

他会三种语言。

Tā huì sān zhǒng yǔyán.

彼は 3 カ国語ができます。

我觉得英语语法比汉语难。

Wǒ juéde Yīngyǔ yǔfǎ bǐ Hànyǔ nán.

英文法は、中国語の文法より難しいと思います。

他的发音很清楚。

Tā de fāyīn hěn qīngchu.

彼の発音ははっきりしています。

学汉语先学拼音。

Xué Hànyǔ xiān xué pīnyīn.

中国語を学ぶにはまずピンインを学びます。

他的发音很好，但是声调有错误。

Tā de fāyīn hěn hǎo, dànshì shēngdiào yǒu cuòwù.

彼の発音はよいが、声調に間違いがあります。

□ とても	□ 全く	□ いきなり
□ なんと	□ いつも	□ 最初に
□ 少し	□ 往々にして	□ 急に
□ 十分に	□ いつも	□ すぐに

名詞15

Check 1

030

□ 349 ✎語

口语

kǒuyǔ

名 口語、話し言葉

⇔ 书面语 shūmiànyǔ（書面語）

□ 350 ✎聴

听力

tīnglì

名 聴力、リスニング

□ 351

句子

jùzi

名 文、センテンス

□ 352 ✎詞

生词

shēngcí

名 新出単語

□ 353

水平

shuǐpíng

! 名 レベル

□ 354 ✎識

知识

zhīshi

名 知識

继续 ▼

6は“六六大顺”（ものごとが順調に進む）の“六”、8は“发财”（財を成す）の“发”、9は“永久”の“久”で中国人に好まれる数字です。

Check 2

079

会话课主要练习口语。

Huìhuà kè zhǔyào liànxí kǒuyǔ.

会話の授業では主に話し言葉を練習します。

明天考听力。

Míngtiān kǎo tīnglì.

明日はリスニングテストをします。

我还不明白这个句子的意思。

Wǒ hái bù míngbai zhège jùzi de yìsi.

私はまだこの文の意味が分かりません。

我们每天要学会五个生词。

Wǒmen měi tiān yào xuéhuì wǔ ge shēngcí.

私たちは毎日新出単語を 5 つ覚えなければなりません。

我的汉语水平还很低。

Wǒ de Hànyǔ shuǐpíng hái hěn dī.

私の中国語のレベルはまだ低いです。

他有很丰富的电脑知识。

Tā yǒu hěn fēngfù de diànnǎo zhīshi.

彼にはとても豊富なパソコン知識があります。

继续
▼

名詞15

Check 1

□ 355
数学
shùxué
名 数学

□ 356
数
shù
名 数
数数 shǔ shù　数を数える
動 数 shǔ（数える）

□ 357
数字
shùzì
名 数字

□ 358
数量
shùliàng
名 数量
関 质量 zhìliàng（質）
単に数を指し「数」と「量」ではない

□ 359 碼
密码
mìmǎ
名 パスワード

□ 360 術
美术
měishù
名 美術

29日目 029
Quick Review
答えは次頁

□ 矿泉水
□ 葡萄酒
□ 绿茶
□ 乌龙茶
□ 花茶
□ 果汁
□ 普通话
□ 语言
□ 语法
□ 发音
□ 拼音
□ 声调

Check 2 079

田中的数学很好。
Tiánzhōng de shùxué hěn hǎo.
田中さんの数学［の成績］はよいです。

这个数对吗？
Zhège shù duì ma?
この数は合っていますか。

数字最能说明问题。
Shùzì zuì néng shuōmíng wèntí.
数字は最もよく問題を説明できます。

请你数一下数量对不对。
Qǐng nǐ shǔ yíxià shùliàng duì bu duì.
数が合っているかどうか数えてみてください。

请输入密码。
Qǐng shūrù mìmǎ.
パスワードを入力してください。

我是美术专业的学生。
Wǒ shì měishù zhuānyè de xuésheng.
私は美術専攻の学生です。

- ☐ ミネラルウォーター
- ☐ ワイン
- ☐ 緑茶
- ☐ ウーロン茶
- ☐ 花茶
- ☐ 果汁
- ☐（現代中国語の）標準語
- ☐ 言語
- ☐ 文法
- ☐ 発音
- ☐ ピンイン
- ☐ 声調

名詞16 ／代詞2

Check 1

031

□ 361
会
huì
名 **会、集まり**
動 できる 助動 〜できる、〜かもしれない
联谊会 liányìhuì（懇親会）
舞会 wǔhuì（ダンスパーティー）

□ 362 議
会议
huìyì
名 **会議**
主持会议 zhǔchí huìyì 会議を主催する

□ 363 晩
晚会
wǎnhuì
名 **（夜に開く）パーティー**
参加晚会 cānjiā wǎnhuì パーティーに参加する

□ 364 結
结果
jiéguǒ
名 **結果**
接 結局
動 **结果** jiē▾guǒ（実を結ぶ）

□ 365
它
tā
代 **それ**
人間以外の事物を指す

□ 366 毎
每
měi
代 **どの〜も、それぞれ**
每个星期 měi ge xīngqī 毎週

继续
▼

中国のお決まりのスローガンに“为人民服务”(人民のために奉仕する)というのがあります。

Check 2

080

明天公司有会。
Míngtiān gōngsī yǒu huì.
明日、会社で集まりがあります。

会议开始了。
Huìyì kāishǐ le.
会議が始まりました。

我打算参加星期天的晚会。
Wǒ dǎsuan cānjiā xīngqītiān de wǎnhuì.
私は日曜日のパーティーに参加するつもりです。

有结果了请给我来电话。Yǒu jiéguǒ le qǐng gěi wǒ lái diànhuà.
結果が出たら、私に電話を下さい。

他起晚了，结果迟到了。Tā qǐwǎn le, jiéguǒ chídào le.
彼は寝坊して、結局遅刻した。

我家的猫，它很可爱。
Wǒ jiā de māo, tā hěn kě'ài.
我が家の猫はかわいいです。

他每个寒暑假都回老家。
Tā měi ge hánshǔjià dōu huí lǎojiā.
彼は夏休み、冬休みごとに田舎に帰ります。

继续
▼

代詞2 ／前置詞1

Check 1 031

□ 367
各
gè

代 **各～、おのおの**
各位 gèwèi　各位
各种各样 gèzhǒng gèyàng　種々さまざまである

□ 368
比
bǐ

前 **～より、～に比べて**
動 比べる

□ 369
被
bèi

前 **（受身文に用いて）～に…される**
A "**被**"B＋V＋α（AはBにVされる）

□ 370 為
为
wèi

前 **～のために**
動 为 wéi（～とする）

□ 371 為
为了
wèile

前 **～のため、～のために**

□ 372
朝
cháo

! 前 **～に向かって、～に面して**
動 ～に向かう、～に面する
向 xiàng、往 wǎng

30日目 030
Quick Review
答えは次頁

□ 口语
□ 听力
□ 句子
□ 生词
□ 水平
□ 知识
□ 数学
□ 数
□ 数字
□ 数量
□ 密码
□ 美术

Check 2

080

各位都说一说自己的想法。
Gèwèi dōu shuō yi shuō zìjǐ de xiǎngfa.
みなさん、ご自分の考えを話してみてください。

今天比昨天热一点儿。Jīntiān bǐ zuótiān rè yìdiǎnr.
今日は昨日より少し暑いです。

你们比一比吧。Nǐmen bǐ yi bǐ ba.
少し比べてみてください。

我的包被人偷走了。
Wǒ de bāo bèi rén tōuzǒu le.
かばんが盗まれました。

他为我做了很多事。
Tā wèi wǒ zuòle hěn duō shì.
彼は私のためにたくさんのことをしてくれました。

为了健康，我每天都跑步。
Wèile jiànkāng, wǒ měi tiān dōu pǎobù.
健康のために、私は毎日ジョギングしています。

他朝我笑了笑。Tā cháo wǒ xiàole xiào.
彼は私に向かってちょっと笑いました。

我房间朝南，冬天很暖和。Wǒ fángjiān cháo nán, dōngtiān hěn nuǎnhuo.
私の部屋は南向きなので、冬は暖かいです。

□ 口語	□ レベル	□ 数字
□ 聴力	□ 知識	□ 数量
□ 文	□ 数学	□ パスワード
□ 新出単語	□ 数	□ 美術

32日目 形容詞5

Check 1 032

□ 373

一切

yíqiè

形 全て、全ての、一切

□ 374 ✎所

所有

suǒyǒu

! 形 全ての

□ 375

普通

pǔtōng

形 普通の、一般的な

□ 376

一般

yìbān

! 形 普通である、同じである

≒ 一样 yíyàng

"普通"と"一般"はいずれも「普通」であるが、"普通"はありきたりの、"一般"はレベルが普通であることを指す

□ 377 突

突然

tūrán

形 突然である、出し抜けである

□ 378 ✎確実

确实

quèshí

形 確実である

副 確かに

继续
▼

“错”は「間違っている」、“不错”は“错”の否定ではなく「素晴らしい」という形容詞です。

Check 2

081

一切手续都办好了。

Yíqiè shǒuxù dōu bànhǎo le.

全ての手続きは終わりました。

所有的人都喜欢她。

Suǒyǒu de rén dōu xǐhuan tā.

全ての人はみんな、彼女が好きです。

他是一个很普通的人。

Tā shì yí ge hěn pǔtōng de rén.

彼は普通の人です。

他的学习成绩很一般。

Tā de xuéxí chéngjì hěn yìbān.

彼の成績はごく普通です。

他来得很突然。

Tā láide hěn tūrán.

彼は不意にやって来ました。

这事儿确实吗? **Zhè shìr quèshí ma?**

このことは確実ですか。

她确实不了解情况。 **Tā quèshí bù liǎojiě qíngkuàng.**

彼女は確かに状況を分かっていません。

继续
▼

形容詞5

Check 1

032

□ 379

重要

zhòngyào

形 重要である、大切である

□ 380

主要

zhǔyào

形 主要な、大切な、主な

□ 381 ✎真

真正

zhēnzhèng

形 正真正銘の、本物の

副 確かに、本当に

□ 382

正常

zhèngcháng

形 正常である

□ 383 ✎確

正确

zhèngquè

形 正しい

□ 384 ✎錯

错

cuò

形 間違っている

答错了 dácuòle （答えが）間違いだ

名 間違い

⇔ 对 duì（正しい）

31日目 031
Quick Review
答えは次頁

□ 会	□ 它	□ 被
□ 会议	□ 每	□ 为
□ 晚会	□ 各	□ 为了
□ 结果	□ 比	□ 朝

Check 2 081

他的意见很重要。
Tā de yìjian hěn zhòngyào.
彼の意見は重要です。

这是我们目前最主要的工作。
Zhè shì wǒmen mùqián zuì zhǔyào de gōngzuò.
これは私たちの目下最重要の仕事です。

他是我真正的朋友。Tā shì wǒ zhēnzhèng de péngyou.
彼は私の真の友です。
他是个真正了解我的人。Tā shì ge zhēnzhèng liǎojiě wǒ de rén.
彼こそ私のことを本当に理解している人です。

最近天气有点儿不正常。
Zuìjìn tiānqì yǒudiǎnr bú zhèngcháng.
最近天気がちょっと異常です。

他的意见很正确。
Tā de yìjian hěn zhèngquè.
彼の意見は正しいです。

对不起，我说错了。Duìbuqǐ, wǒ shuōcuò le.
すみません、言い間違えました。
都是我的错。Dōu shì wǒ de cuò.
みんな私のミスです。

- □ 会
- □ 会議
- □ (夜に開く)パーティー
- □ 結果
- □ それ
- □ どの〜も
- □ 各〜
- □ 〜より
- □ (受身文に用いて)〜に…される
- □ 〜のために
- □ 〜のため
- □ 〜に向かって

動詞10

Check 1

033

□ 385 ✎試
试
shì
動 試す

□ 386 ✎開
开学
kāi▼xué
動 学校が始まる
开学典礼 kāixué diǎnlǐ　入学式

□ 387 ✎畢業
毕业
bì▼yè
動 卒業する
毕业论文 bìyè lùnwén　卒業論文

□ 388
留学
liú▼xué
動 留学する

□ 389 ✎聴写
听写
tīngxiě
動 書き取りをする

□ 390
教育
jiàoyù
動 教育する、**教える**
名 教育
動 **教** jiāo（教える）

继续
▼

中国語学習法の1つに"听写"(書き取り、ディクテーション)がありますす。地味な作業ですが、確実に力がつきます。

Check 2 082

我试试看。
Wǒ shìshi kàn.
私が試してみましょう。

我们下个星期开学。
Wǒmen xià ge xīngqī kāixué.
私たちは来週から学校が始まります。

我是去年三月毕业的。
Wǒ shì qùnián sānyuè bìyè de.
私は去年の3月に卒業したのです。

我在中国留过两年学。
Wǒ zài Zhōngguó liúguo liǎng nián xué.
私は中国に2年間留学したことがあります。

老师让学生听写生词。
Lǎoshī ràng xuésheng tīngxiě shēngcí.
先生は学生に新出単語の書き取りをさせます。

很多父母不会教育孩子。Hěn duō fùmǔ bú huì jiàoyù háizi.
多くの父母が子供を教育できません。

中国的学校教育很有特点。Zhōngguó de xuéxiào jiàoyù hěn yǒu tèdiǎn.
中国の学校教育は特徴があります。

继续
▼

動詞10

Check 1　033

□ 391 ✎究
研究
yánjiū

❗ 動 **研究する、検討する**
名 研究

□ 392 ✎訳
翻译
fānyì

❗ 動 **翻訳する、通訳する**
名 通訳、翻訳者
📖 通訳と翻訳の両方の意味があることに注意

□ 393 ✎預習
预习
yùxí

動 **予習する**
⇔ **复习** fùxí（復習する）

□ 394
演出
yǎnchū

動 **公演する、上演する、出演する**
名 上演、公演

□ 395
表演
biǎoyǎn

動 **演じる、上演する**
名 演技

□ 396 ✎覧
展览
zhǎnlǎn

動 **展示する、展覧する**

32日目　032
Quick Review
答えは次頁

□ 一切	□ 突然	□ 真正
□ 所有	□ 确实	□ 正常
□ 普通	□ 重要	□ 正确
□ 一般	□ 主要	□ 错

这件事我们得研究一下。
Zhè jiàn shì wǒmen děi yánjiū yíxià.
この件について私たちはちょっと研究しないといけません。

我要翻译这本书。 **Wǒ yào fānyì zhè běn shū.**
私はこの本を翻訳したい。

我想当翻译。 **Wǒ xiǎng dāng fānyì.**
私は通訳になりたいです。

他每天晚上都预习第二天的功课。
Tā měi tiān wǎnshang dōu yùxí dì-èr tiān de gōngkè.
彼は毎晩次の日の授業の予習をします。

我们下个月在东京演出。
Wǒmen xià ge yuè zài Dōngjīng yǎnchū.
私たちは来月東京で公演します。

你要表演什么节目？ **Nǐ yào biǎoyǎn shénme jiémù?**
あなたはどんな出し物を演じるのですか。

他的表演真精彩！ **Tā de biǎoyǎn zhēn jīngcǎi!**
彼の演技は本当に素晴らしい！

市政府大厅在展览儿童的作品。
Shìzhèngfǔ dàtīng zài zhǎnlǎn értóng de zuòpǐn.
市役所のロビーでは子供の作品を展示しています。

- ☐ 全て
- ☐ 全ての
- ☐ 普通の
- ☐ 普通である
- ☐ 突然である
- ☐ 確実である
- ☐ 重要である
- ☐ 主要な
- ☐ 正真正銘の
- ☐ 正常である
- ☐ 正しい
- ☐ 間違っている

34日目 動詞11

Check 1 034

□ 397 ✎害
害怕
hàipà
動 怖がる、恐れる、怖くなる

□ 398
熟悉
shúxi
動 よく知っている

□ 399
相信
xiāngxìn
動 信用する、信じる
⇔ 怀疑 huáiyí（疑う）

□ 400 ✎誤
误会
wùhuì
動 誤解する
名 誤解
≒ 误解 wùjiě

□ 401 ✎諒
原谅
yuánliàng
動 許す、勘弁する

□ 402 ✎強調
强调
qiángdiào
動 強調する

继续 ▼

“听说”は便利な単語で、文の前につけると伝聞体になります。

Check 2

083

不要害怕!
Búyào hàipà!
怖がらないで!

我还不熟悉这里的工作。
Wǒ hái bù shúxi zhèli de gōngzuò.
私はまだここの仕事をよく分かっていません。

请相信我吧。
Qǐng xiāngxìn wǒ ba.
私を信じて。

我误会了他的意思。Wǒ wùhuìle tā de yìsi.
私は彼の意図を誤解していました。

他们之间有一点儿小误会。Tāmen zhījiān yǒu yìdiǎnr xiǎo wùhuì.
彼らの間にはちょっとした誤解があります。

他已经原谅我了。
Tā yǐjīng yuánliàng wǒ le.
彼はもう私を許してくれました。

老师强调这次的考试很重要。
Lǎoshī qiángdiào zhècì de kǎoshì hěn zhòngyào.
先生は今回の試験がとても重要だと強調しました。

继续
▼

動詞11

Check 1

034

□ 403 ✎鬧

闹

nào

動 **騒ぐ、騒がせる**

形 騒々しい、やかましい

□ 404 ✎進

进行

jìnxíng

動 **進める**

□ 405 ✎発

发生

fāshēng

動 **発生する、生ずる**

发生问题 fāshēng wèntí 問題が発生する

□ 406 ✎像

好像

hǎoxiàng

動 **（まるで）～のようだ**

□ 407 ✎聴説

听说

tīng▾shuō

動 **（聞くところによると）～だそうだ**

□ 408 ✎聴見

听见

tīng▾jiàn

動 **聞こえる**

33日目 033
Quick Review
答えは次頁

□ 试
□ 开学
□ 毕业
□ 留学
□ 听写
□ 教育
□ 研究
□ 翻译
□ 预习
□ 演出
□ 表演
□ 展览

Check 2

083

那几个人在闹什么呢?
Nà jǐ ge rén zài nào shénme ne?
あの人たちは何を騒いでいるの。

这里正在进行足球比赛。
Zhèli zhèngzài jìnxíng zúqiú bǐsài.
ここではサッカーの試合が行われています。

发生了什么事?
Fāshēngle shénme shì?
何が起こったのですか。

他好像不太高兴。
Tā hǎoxiàng bú tài gāoxìng.
彼はあまり機嫌がよくないようです。

听说他去中国了。
Tīngshuō tā qù Zhōngguó le.
彼は中国に行ってしまったそうですね。

我什么也没有听见。
Wǒ shénme yě méiyou tīngjiàn.
私は何も聞こえませんでした。

- □ 試す
- □ 学校が始まる
- □ 卒業する
- □ 留学する
- □ 書き取りをする
- □ 教育する
- □ 研究する
- □ 翻訳する
- □ 予習する
- □ 公演する
- □ 演じる
- □ 展示する

35日目 副詞2

Check 1

035

□ 409 終

终于

zhōngyú

副 ついに、とうとう

□ 410 底

到底

dàodǐ

! 副 いったい、結局

≒ 究竟 jiūjìng

□ 411 剛

刚刚

gānggāng

副 ～したばかりである

□ 412 遠

永远

yǒngyuǎn

副 永遠に、いつまでも

名 永遠

□ 413 許

也许

yěxǔ

副 ～かもしれない

≒ 或许 huòxǔ

□ 414

互相

hùxiāng

副 お互いに

継続 ▼

9は"久"と同じ音で、99本のバラは永遠の愛を表します。

Check 2

084

等了半天，他终于来了。
Děngle bàntiān, tā zhōngyú lái le.
長い間待って、彼はついにやって来ました。

他到底想干什么？
Tā dàodǐ xiǎng gàn shénme?
彼はいったい何をやりたいのですか。

比赛刚刚开始。
Bǐsài gānggāng kāishǐ.
試合は始まったばかりです。

我永远也忘不了这件事。
Wǒ yǒngyuǎn yě wàngbuliǎo zhè jiàn shì.
私はこのことを永遠に忘れられません。

他也许来，也许不来。
Tā yěxǔ lái, yěxǔ bù lái.
彼は来るかもしれないし、来ないかもしれません。

我们是朋友，应该互相帮助。
Wǒmen shì péngyou, yīnggāi hùxiāng bāngzhù.
私たちは友達だから、お互いに助け合うべきです。

继续
▼

副詞2 ／接続詞1

Check 1 035

□ 415 ✎順

顺便

shùnbiàn

副 ついでに

□ 416

最好

zuìhǎo

副 ～するのが最もよい、～したほうがよい

□ 417

大概

dàgài

副 たぶん、おそらく
形 だいたいの
名 概略、おおかた

□ 418

可是

kěshì

接 しかし

□ 419

但是

dànshì

接 しかし
"**可是**"と"**但是**"はいずれも文の前後で逆接を表し意味の違いはないが、"**可是**"はやや口語的である

□ 420

或者

huòzhě

接 あるいは
副 ～かもしれない

34日目 034
Quick Review
答えは次頁

□ 害怕	□ 原谅	□ 发生
□ 熟悉	□ 强调	□ 好像
□ 相信	□ 闹	□ 听说
□ 误会	□ 进行	□ 听见

Check 2

084

顺便问一下，附近有公交车站吗？
Shùnbiàn wèn yíxià, fùjìn yǒu gōngjiāo chēzhàn ma?
ついでにお尋ねしますが、近くにバス停はありますか。

要下雨了，你最好早点儿回家。
Yào xià yǔ le, nǐ zuìhǎo zǎodiǎnr huí jiā.
雨が降りそうだから、早く帰ったほうがいいよ。

他大概还不知道。
Tā dàgài hái bù zhīdào.
彼はたぶんまだ知りません。

我想买手机，可是没有钱。
Wǒ xiǎng mǎi shǒujī, kěshì méiyǒu qián.
私は携帯電話を買いたいが、お金がありません。

我有时间，但是没有钱。
Wǒ yǒu shíjiān, dànshì méiyǒu qián.
時間はありますが、お金がありません。

你明天或者下周末来吧。
Nǐ míngtiān huòzhě xià zhōumò lái ba.
明日あるいは来週末に来てください。

- □ 怖がる
- □ よく知っている
- □ 信用する
- □ 誤解する
- □ 許す
- □ 強調する
- □ 騒ぐ
- □ 進める
- □ 発生する
- □ (まるで)～のようだ
- □ (聞くところによると)～だそうだ
- □ 聞こえる

まとめて覚えよう　– 呼びかけ

中国語のさまざまな呼びかけをまとめました。

両親に対して	爸爸／妈妈 爸／妈	bàba ／ māma bà ／mā
男性に対して	先生！	Xiānsheng！
年上の男性に対して	大哥！	Dàgē！
兄や年上の男性に対して	哥哥！／哥！	Gēge！／ Gē！
年上の女性に対して	大姐！	Dàjiě！
姉や年上の女性に対して	姐姐！／姐！	Jiějie！／Jiě！
年下の女性に対して	小姐！	Xiǎojiě！
子供に対して	小朋友！	Xiǎopéngyou！
先生に対して	老师！	Lǎoshī！
（運転手など）技能を持っている人に対して	师傅！	Shīfu！
男女問わず声をかけるとき	请问。	Qǐngwèn.
人に頼みごとをするとき	劳驾。	Láojià.

キクタン中国語

6 週目

✓ 学習したらチェック!

- ■ 36日目　名詞 17
- ■ 37日目　名詞 18
- ■ 38日目　名詞 19
- ■ 39日目　名詞 20
- ■ 40日目　助詞 1 ／副詞 3
- ■ 41日目　動詞 12
- ■ 42日目　動詞 13

中国語で言ってみよう！

お気をつけてお帰りください。

（答えは 476）

名詞17

Check 1 036

□ 421 ✎興

兴趣

xìngqù

名 興味、趣味

□ 422

吉他

jítā

名 ギター

弹吉他 tán jítā　ギターを弾く

吉它 jítā

量 把 bǎ

□ 423

二胡

èrhú

名 二胡（にこ）

拉二胡 lā èrhú　二胡を弾く

量 把 bǎ

□ 424

卡拉 OK

kǎlā OK

名 カラオケ

□ 425

体育

tǐyù

名 体育、スポーツ

□ 426

排球

páiqiú

名 バレーボール

排球队 páiqiúduì　バレーボールチーム

继续
▼

カラオケを"卡拉OK"と表現するのは面白いですね！ OKの部分はōukèiのように発音しましょう。

Check 2

085

我哥哥对中国漫画很感兴趣。
Wǒ gēge duì Zhōngguó mànhuà hěn gǎn xìngqù.
兄は中国の漫画にとても興味があります。

我会弹吉他。
Wǒ huì tán jítā.
私はギターが弾けます。

你会拉二胡吗?
Nǐ huì lā èrhú ma?
あなたは二胡が弾けますか。

今天我们去卡拉 OK 吧。
Jīntiān wǒmen qù kǎlā OK ba.
今日カラオケに行きましょう。

你都喜欢什么体育运动?
Nǐ dōu xǐhuan shénme tǐyù yùndòng?
どんなスポーツが好きですか。

我会打排球。
Wǒ huì dǎ páiqiú.
私はバレーボールができます。

继续
▼

名詞17

Check 1

036

□ 427 ✎極拳

太极拳

tàijíquán

名 **太極拳**

打太极拳 dǎ tàijíquán　太極拳をする

□ 428

羽毛球

yǔmáoqiú

名 **バドミントン**

□ 429 ✎馬

马拉松

mǎlāsōng

名 **マラソン**

跑马拉松 pǎo mǎlāsōng　マラソンをする

□ 430 ✎賽

比赛

bǐsài

名 **試合**

参加比赛 cānjiā bǐsài　試合に参加する

動 → 246

□ 431 ✎脳

脑子

nǎozi

名 **頭、脳**

□ 432

嗓子

sǎngzi

名 **のど、声**

嗓子疼 sǎngzi téng　のどが痛い

35日目 035 Quick Review
答えは次頁

□ 终于
□ 到底
□ 刚刚
□ 永远
□ 也许
□ 互相
□ 顺便
□ 最好
□ 大概
□ 可是
□ 但是
□ 或者

爷爷每天去公园打太极拳。
Yéye měi tiān qù gōngyuán dǎ tàijíquán.
祖父は毎日公園に行って太極拳をします。

我喜欢打羽毛球。
Wǒ xǐhuan dǎ yǔmáoqiú.
私はバドミントンをするのが好きです。

我参加了马拉松比赛。
Wǒ cānjiāle mǎlāsōng bǐsài.
私はマラソンレースに参加しました。

棒球比赛真精彩！
Bàngqiú bǐsài zhēn jīngcǎi!
野球の試合は本当に素晴らしい！

他脑子很快。
Tā nǎozi hěn kuài.
彼は頭の回転が速いです。

我今天嗓子有点儿疼。Wǒ jīntiān sǎngzi yǒudiǎnr téng.
私は今日のどが少し痛い。

她的嗓子非常好。Tā de sǎngzi fēicháng hǎo.
彼女の声は非常によい。

□ ついに	□ ～かもしれない	□ たぶん
□ いったい	□ お互いに	□ しかし
□ ～したばかりである	□ ついでに	□ しかし
□ 永遠に	□ ～するのが最もよい	□ あるいは

37日目 名詞18

Check 1 037

□ 433
腿
tuǐ
名 **脚**
足のつけ根からくるぶしまで

□ 434
脚
jiǎo
名 **足**
くるぶしからつま先まで

□ 435
血
xiě
名 **血**
"血" は xuè とも発音され、
[多く単音節語のとき] **流血** liú xiě（血を流す）
[多く多音節語のとき] **血型** xuèxíng（血液型）
のように区別する

□ 436
姓名
xìngmíng
名 **氏名、名字と名前**

□ 437 ✎齢
年龄
niánlíng
名 **年齢**
人や動植物の年齢

□ 438 ✎歳
岁数
suìshu
名 **年齢**
人の年齢を指し、数字とは一緒に使用しない

继续
▼

年齢を聞くときは相手によって"几岁"、"多大"、"多大岁数"を使い分けます。

Check 2

086

我的腿有点儿疼。
Wǒ de tuǐ yǒudiǎnr téng.
私は脚が少し痛いです。

他的脚很大。
Tā de jiǎo hěn dà.
彼の足は大きいです。

她的手出了很多血。
Tā de shǒu chūle hěn duō xiě.
彼女の手からたくさんの血が出ました。

请写一下你的姓名。
Qǐng xiě yíxià nǐ de xìngmíng.
あなたのお名前を書いてください。

他们的平均年龄是二十岁。
Tāmen de píngjūn niánlíng shì èrshí suì.
彼らの平均年齢は 20 歳です。

你爷爷多大岁数了?
Nǐ yéye duō dà suìshu le?
あなたのおじいさんはおいくつですか。

继续
▼

名詞18

Check 1 🎧 037

□ 439
性格
xìnggé
名 性格、気性

□ 440
特点
tèdiǎn
! 名 特徴

□ 441 ✎処
好处
hǎochù
名 長所、利点、利益
⇔ 坏处 huàichù （欠点）

□ 442
缺点
quēdiǎn
名 欠点、短所、不十分なところ
⇔ 优点 yōudiǎn （長所）

□ 443
毛病
máobing
名 （個人の）悪い癖、（器物の）故障、欠陥

□ 444 ✎気
脾气
píqi
名 気性、かんしゃく

36日目 🎧036
Quick Review
答えは次頁

□ 兴趣
□ 吉他
□ 二胡
□ 卡拉OK
□ 体育
□ 排球
□ 太极拳
□ 羽毛球
□ 马拉松
□ 比赛
□ 脑子
□ 嗓子

Check 2 086

他的性格怎么样?
Tā de xìnggé zěnmeyàng?
彼の性格はどうですか。

新技术有什么特点?
Xīn jìshù yǒu shénme tèdiǎn?
新技術にはどんな特徴がありますか。

每天运动有很多好处。
Měi tiān yùndòng yǒu hěn duō hǎochù.
毎日運動することはたくさんの利点があります。

他的缺点是爱着急。
Tā de quēdiǎn shì ài zháojí.
彼の欠点はせっかちなところです。

他有很多毛病。Tā yǒu hěn duō máobing.
彼にはたくさんの悪い癖があります。
我的电脑有点儿毛病。Wǒ de diànnǎo yǒudiǎnr máobing.
私のパソコンはちょっと欠陥があります。

小王的脾气很好。Xiǎo-Wáng de píqi hěn hǎo.
王くんの気性は穏やかです。
老李有一点儿脾气。Lǎo-Lǐ yǒu yìdiǎnr píqi.
李さんはちょっとかんしゃく持ちだ。

- □ 興味
- □ ギター
- □ 二胡(にこ)
- □ カラオケ
- □ 体育
- □ バレーボール
- □ 太極拳
- □ バドミントン
- □ マラソン
- □ 試合
- □ 頭
- □ のど

名詞19

Check 1

038

□ 445 ✎習慣

习惯

xíguàn

名 **習慣、しきたり**

動 慣れる、習慣となる

□ 446 ✎態

态度

tàidu

名 **態度**

□ 447

心情

xīnqíng

名 **気持ち、気分、心情**

□ 448 ✎経験

经验

jīngyàn

名 **経験**

動 経験する

□ 449

能力

nénglì

名 **能力、力量**

□ 450

雨衣

yǔyī

名 **レインコート**

量 件 jiàn

继续
▼

雨の日に自転車に乗るときは頭からハンドルまですっぽり覆ってしまう中国式の"雨衣"が便利です。

Check 2

087

你了解中国人的生活习惯吗? Nǐ liǎojiě Zhōngguórén de shēnghuó xíguàn ma?
あなたは中国人の生活習慣を理解していますか。

你习惯这里的生活了吗? Nǐ xíguàn zhèli de shēnghuó le ma?
ここの生活に慣れましたか。

他的学习态度非常认真。
Tā de xuéxí tàidu fēicháng rènzhēn.
彼の学習態度は非常にまじめです。

我可以理解你的心情。
Wǒ kěyǐ lǐjiě nǐ de xīnqíng.
私はあなたの気持ちが理解できます。

王老师的教学经验很丰富。
Wáng lǎoshī de jiàoxué jīngyàn hěn fēngfù.
王先生の教育経験は豊富です。

我想提高会话能力。
Wǒ xiǎng tígāo huìhuà nénglì.
私は会話スキルを高めたいです。

他带着雨衣走了。
Tā dàizhe yǔyī zǒu le.
彼はレインコートを持って出かけました。

继续
▼

名詞19

Check 1 038

□ 451
口袋
kǒudai
名（衣類の）ポケット、袋
塑料口袋 sùliào kǒudai　ビニール袋

□ 452 ✎領帯
领带
lǐngdài
名ネクタイ
系领带 jì lǐngdài　ネクタイを結ぶ
打领带 dǎ lǐngdài　ネクタイを結ぶ
量**条** tiáo

□ 453 ✎囲
围巾
wéijīn
名マフラー
量**条** tiáo

□ 454 ✎帯
皮带
pídài
名ベルト
系皮带 jì pídài　ベルトを締める
量**条** tiáo

□ 455
手套
shǒutào
名手袋
一只手套 yì zhī shǒutào　片方の手袋
一双手套 yì shuāng shǒutào　1組の手袋
戴手套 dài shǒutào　手袋をはめる

□ 456
口罩
kǒuzhào
名マスク
戴口罩 dài kǒuzhào　マスクをつける

37日目 037
Quick Review
答えは次頁

□ 腿
□ 脚
□ 血
□ 姓名
□ 年龄
□ 岁数
□ 性格
□ 特点
□ 好处
□ 缺点
□ 毛病
□ 脾气

Check 2

087

这件衣服没有口袋。
Zhè jiàn yīfu méiyǒu kǒudai.
この服にはポケットがありません。

我想买一条红色的领带。
Wǒ xiǎng mǎi yì tiáo hóngsè de lǐngdài.
私は赤いネクタイを１本買いたいです。

我给了妈妈一条围巾。
Wǒ gěile māma yì tiáo wéijīn.
私は母にマフラーを１枚あげました。

我要买皮带和领带。
Wǒ yào mǎi pídài hé lǐngdài.
私はベルトとネクタイを買いたいです。

洗碗的时候我得戴手套。
Xǐ wǎn de shíhou wǒ děi dài shǒutào.
皿を洗うときに私は手袋をはめなければいけません。

别忘了戴口罩。
Bié wàngle dài kǒuzhào.
マスクをするのを忘れないで。

☐ 脚
☐ 足
☐ 血
☐ 氏名
☐ 年齢
☐ 年齢
☐ 性格
☐ 特徴
☐ 長所
☐ 欠点
☐ (個人の)悪い癖
☐ 気性

名詞20

Check 1

🎧 039

□ 457

地球

dìqiú

名 **地球**

□ 458

自然

zìrán

名 **自然**

! 副 自然に、当然である

□ 459 ✎環

环境

huánjìng

名 **環境**

□ 460 ✎空気

空气

kōngqì

名 **空気、雰囲気**

名 空儿 kòngr（暇）

□ 461 ✎気

气温

qìwēn

名 **気温**

□ 462

温度

wēndù

名 **温度**

继续 ▼

世界的に問題になっている「地球温暖化」、中国語では“全球变暖 quánqiú biànnuǎn”と言います。

Check 2

088

月亮离地球多远?
Yuèliang lí dìqiú duō yuǎn?
月は地球からどれくらい遠いですか。

这里的自然环境很好。 **Zhèli de zìrán huánjìng hěn hǎo.**
ここの自然環境は良好です。

只要努力学习，成绩自然会好。 **Zhǐyào nǔlì xuéxí, chéngjì zìrán huì hǎo.**
努力して勉強しさえすれば、成績はおのずとよくなります。

你习惯新环境了吗？
Nǐ xíguàn xīn huánjìng le ma?
あなたは新しい環境に慣れましたか。

那里的空气很新鲜。
Nàli de kōngqì hěn xīnxian.
あそこの空気は新鮮です。

今天的气温有三十八度。
Jīntiān de qìwēn yǒu sānshibā dù.
今日の温度は 38 度です。

今天的温度比较高。
Jīntiān de wēndù bǐjiào gāo.
今日の温度はわりと高いです。

继续
▼

名詞20

Check 1　039

□ 463
雷
léi
名 雷
打雷 dǎ▾léi　雷が鳴る

□ 464
星星
xīngxing
名 星

□ 465 ✎風
风景
fēngjǐng
名 風景

□ 466
草
cǎo
名 草
量 棵 kē、根 gēn、片 piàn

□ 467 ✎桜花
樱花
yīnghuā
名 サクラ
赏樱花 shǎng yīnghuā　花見をする

□ 468 ✎動
动物
dòngwù
名 動物

38日目　038
Quick Review
答えは次頁

□ 习惯　□ 能力　□ 围巾
□ 态度　□ 雨衣　□ 皮带
□ 心情　□ 口袋　□ 手套
□ 经验　□ 领带　□ 口罩

Check 2

088

傍晚打雷了，但是没下雨。

Bàngwǎn dǎléi le, dànshì méi xià yǔ.

夕方に雷が鳴りましたが、雨は降りませんでした。

我喜欢晚上看天上的星星。

Wǒ xǐhuan wǎnshang kàn tiān shang de xīngxing.

私は夜、空の星を見るのが好きです。

山上的风景不错。

Shān shang de fēngjǐng búcuò.

頂上の景色は素晴らしいです。

春天到了，草长出来了。

Chūntiān dào le, cǎo zhǎngchulai le.

春が来て、草が生え出しました。

上野公园的樱花非常有名。

Shàngyě gōngyuán de yīnghuā fēicháng yǒumíng.

上野公園のサクラは非常に有名です。

北京动物园里有很多动物。

Běijīng dòngwùyuán li yǒu hěn duō dòngwù.

北京動物園にはたくさんの動物がいます。

- □ 習慣
- □ 態度
- □ 気持ち
- □ 経験
- □ 能力
- □ レインコート
- □ (衣類の)ポケット、袋
- □ ネクタイ
- □ マフラー
- □ ベルト
- □ 手袋
- □ マスク

40日目

助詞1 ／副詞3

Check 1 040

□ 469

得

de

助（動詞や形容詞の後ろに置き様態補語や可能補語を作る）

(唱)得(很好) (chàng) de (hěn hǎo)　歌うのが上手

□ 470

地

de

助（連用修飾語を作る）

(很快)地(跑) (hěn kuài) de (pǎo)　速く走る

□ 471 ✎実

其实

qíshí

副 その実、実は

□ 472

几乎

jīhū

副 ほとんど

□ 473

只好

zhǐhǎo

副 ～するほかない、～せざるを得ない

□ 474

只是

zhǐshì

副 ただ～だけだ

接 ただ、ただし

继续
▼

"的"、"得"、"地"はいずれもdeと発音しますが、使い方が異なります。しっかり違いを覚えましょう。

Check 2

089

铃木唱歌唱得很好。 Língmù chàng gē chàngde hěn hǎo.

鈴木さんは歌を歌うのが上手です。

上海话你听得懂吗？ Shànghǎihuà nǐ tīngdedǒng ma?

上海語は聞いて分かりますか。

田中很快地跑走了。

Tiánzhōng hěn kuài de pǎozǒu le.

田中さんはすばやく走り去りました。

这里的东西其实不便宜。

Zhèli de dōngxi qíshí bù piányi.

ここの物は実は安くありません。

天气很冷，公园里几乎没有人。

Tiānqì hěn lěng, gōngyuán li jīhū méiyǒu rén.

寒いので、公園にはほとんど人がいません。

没有电车了，我只好走着回家。

Méiyǒu diànchē le, wǒ zhǐhǎo zǒuzhe huí jiā.

電車がなくなったから、歩いて帰るほかありません。

他只是关心你。

Tā zhǐshì guānxīn nǐ.

彼はあなたのことだけを気にかけています。

继续
▼

副詞3

Check 1

□ 475
好好儿
hǎohāor
副 ちゃんと、十分に
形（状況が）ちゃんとしている

□ 476
慢慢儿
mànmānr
副 ゆっくりと

□ 477
赶快
gǎnkuài
副 すぐに

□ 478
就是
jiùshì
副 まさに～だ（強調を表す）

□ 479
都
dōu
副 もう、すっかり
副 みんな

□ 480
再
zài
副 もっと、より
副 また
形容詞の前に置き、程度が高まることを示す

39日目 039
Quick Review
答えは次頁

□ 地球	□ 气温	□ 风景
□ 自然	□ 温度	□ 草
□ 环境	□ 雷	□ 樱花
□ 空气	□ 星星	□ 动物

Check 2

你得按时吃药，好好儿休息。 Nǐ děi ànshí chī yào, hǎohāor xiūxi.
時間どおりに薬を飲んで、十分に休んでください。

好好儿的一本词典被他丢了。 Hǎohāor de yì běn cídiǎn bèi tā diū le.
ちゃんとした辞書を彼は失くしました。

请慢慢儿走。
Qǐng mànmānr zǒu.
お気をつけてお帰りください。

你赶快回家吧。
Nǐ gǎnkuài huí jiā ba.
すぐに家に帰りなさい。

不懂就是不懂！ Bù dǒng jiùshì bù dǒng!
分からないものは分からないんです！

这就是日本的传统文化。 Zhè jiùshì Rìběn de chuántǒng wénhuà.
これこそが日本の伝統文化です。

我都三十岁了。
Wǒ dōu sānshí suì le.
私はもう 30 歳になりました。

再多一点好吗？
Zài duō yìdiǎn hǎo ma?
もう少し多くしてもらえますか。

- □ 地球
- □ 自然
- □ 環境
- □ 空気
- □ 気温
- □ 温度

- □ 雷
- □ 星
- □ 風景
- □ 草
- □ サクラ
- □ 動物

動詞12

Check 1 041

□ 481 ✎解
了解
liǎojiě
動 理解する

□ 482 ✎満
满意
mǎnyì
動 満足する
⇔ 不满 bùmǎn（不満である）

□ 483
担心
dān▾xīn
動 心配する
⇔ 放心 fàng▾xīn （安心する）

□ 484
放心
fàng▾xīn
! 動 安心する
⇔ 担心 dān▾xīn（心配する）

□ 485 ✎喫驚
吃惊
chī▾jīng
動 驚く、びっくりする

□ 486 ✎記
记
jì
動 記憶する、覚える
记单词 jì dāncí　単語を覚える

继续
▼

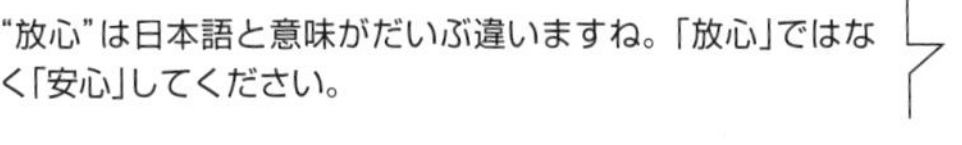

Check 2 090

我很了解他。
Wǒ hěn liǎojiě tā.
私は彼のことをよく分かっています。

我们的产品很好，你一定会满意的。
Wǒmen de chǎnpǐn hěn hǎo, nǐ yídìng huì mǎnyì de.
私たちの商品はよいので、きっと満足いただけるでしょう。

我担心你的健康。
Wǒ dānxīn nǐ de jiànkāng.
私はあなたの健康が心配です。

请放心吧!
Qǐng fàngxīn ba!
どうぞ安心してください!

我非常吃惊。
Wǒ fēicháng chījīng.
私は非常に驚いています。

今天一定要记住这些词。
Jīntiān yídìng yào jìzhù zhèxiē cí.
今日はこれらの単語を必ず覚えなければなりません。

继续
▼

動詞12

Check 1
041

□ 487 ✎記
记得
jìde
動 覚えている

□ 488 ✎記
忘记 / 忘
wàngjì/wàng
動 忘れる

□ 489 ✎謝
感谢
gǎnxiè
動 感謝する

□ 490 ✎評
批评
pīpíng
! 動 批判する、意見する、叱る
名 批判
⇔ 表扬 biǎoyáng（称賛する）
日本語の「批評」とは違う

□ 491
尊敬
zūnjìng
動 尊敬する

□ 492 ✎関
关心
guānxīn
動 関心を持つ、気にかける

40日目 040
Quick Review
答えは次頁

□ 得	□ 只好	□ 赶快
□ 地	□ 只是	□ 就是
□ 其实	□ 好好儿	□ 都
□ 几乎	□ 慢慢儿	□ 再

Check 2 090

你记得以前见过我吗？
Nǐ jìde yǐqián jiànguo wǒ ma?
あなたは以前私に会ったことを覚えていますか。

明天八点出发，别忘了。 **Míngtiān bā diǎn chūfā, bié wàng le.**
明日は8時出発なので、忘れないように。

我忘记带钥匙了。 **Wǒ wàngjì dài yàoshi le.**
私はカギを持ってくるのを忘れました。

感谢你们的热情帮助。
Gǎnxiè nǐmen de rèqíng bāngzhù.
あなたたちの親切な助けに感謝します。

他批评了我的想法。 **Tā pīpíngle wǒ de xiǎngfa.**
彼は私の考えを批判しました。

我被老师批评了。 **Wǒ bèi lǎoshī pīpíng le.**
私は先生に叱られました。

年轻人应该尊敬老人。
Niánqīngrén yīnggāi zūnjìng lǎorén.
若者は老人を尊敬しなければいけません。

他不关心这件事。 **Tā bù guānxīn zhè jiàn shì.**
彼はこの事に関心がありません。

谢谢你的关心。 **Xièxie nǐ de guānxīn.**
心配してくれてありがとう。

□（様態補語や可能補語を作る）
□（連用修飾語を作る）
□その実
□ほとんど
□～するほかない
□ただ～だけだ
□ちゃんと
□ゆっくりと
□すぐに
□まさに～だ（強調を表す）
□もう
□もっと

動詞13

Check 1

042

□ 493 響

影响

yǐngxiǎng

動 **影響する**

名 影響

よい影響、悪い影響の両方で使える

□ 494 発

发展

fāzhǎn

動 **発展する、発展させる**

□ 495

提高

tígāo

動 **高める、上げる、上がる**

□ 496 経過

经过

jīngguò

! 動 **通過する、～を経る**

名 いきさつ、経緯

□ 497 実現

实现

shíxiàn

動 **実現する**

□ 498 現

出现

chūxiàn

動 **現れる、出現する**

继续
▼

“破”のように多くの意味が派生する単語は1つ1つ具体的な例と一緒に覚えましょう。

Check 2

🎧 091

不要影响你的工作。Búyào yǐngxiǎng nǐ de gōngzuò.
あなたの仕事に影響を及ぼさないように。

我受到了父母的影响。Wǒ shòudàole fùmǔ de yǐngxiǎng.
私は両親の影響を受けました。

印度正在努力发展经济。
Yìndù zhèngzài nǔlì fāzhǎn jīngjì.
インドは経済を発展させるのに力を入れています。

为了提高汉语水平，我经常看中国电影。
Wèile tígāo Hànyǔ shuǐpíng, wǒ jīngcháng kàn Zhōngguó diànyǐng.
中国語のレベルアップのために、私はよく中国映画を見ます。

这路公共汽车不经过西单。Zhè lù gōnggòng qìchē bù jīngguò Xīdān.
このバスは西単を通りません。

经过大家的努力，我们终于赢了比赛。Jīngguò dàjiā de nǔlì, wǒmen zhōngyú yíngle bǐsài.
みんなの努力によって、私たちはついに試合に勝ちました。

经过三年的努力，她终于实现了自己的目标。
Jīngguò sān nián de nǔlì, tā zhōngyú shíxiànle zìjǐ de mùbiāo.
3 年の努力を経て、彼女はついに自分の目標を実現しました。

国内的经济出现了一些问题。
Guónèi de jīngjì chūxiànle yìxiē wèntí.
国内経済にはいくつかの問題が現れました。

继续
▼

動詞13

Check 1

042

□ 499 ✎結

结束

jiéshù

! 動 **終わる**

⇔ 开始 kāishǐ（始まる）

□ 500

完成

wán▾chéng

動 **完成する**

□ 501

取消

qǔxiāo

動 **取り消す**

□ 502 ✎変

变

biàn

! 動 **変わる、変化する**

□ 503

破

pò

動 **破れる、割れる、破る、割る、壊す**

形 壊れた、おんぼろの

□ 504

替

tì

動 **～の代わりをする**

前 ～のために

41日目 041
Quick Review
答えは次頁

□ 了解	□ 吃惊	□ 感谢
□ 满意	□ 记	□ 批评
□ 担心	□ 记得	□ 尊敬
□ 放心	□ 忘(记)	□ 关心

Check 2

091

考试已经结束了。
Kǎoshì yǐjīng jiéshù le.
試験はもう終わりました。

你们什么时候能完成这个计划?
Nǐmen shénme shíhou néng wánchéng zhège jìhuà?
あなたたちはいつこの計画を完成できますか。

他们取消了旅行的计划。
Tāmen qǔxiāole lǚxíng de jìhuà.
彼らは旅行の計画をキャンセルしました。

这几年,上海变了很多。
Zhè jǐ nián, Shànghǎi biànle hěn duō.
この数年で、上海は大きく変わりました。

我的袜子破了。 **Wǒ de wàzi pò le.**
私の靴下が破れました。
他骑着一辆破车。 **Tā qízhe yí liàng pò chē.**
彼はおんぼろの自転車に乗っています。

我没有时间,你能替我去吗? **Wǒ méiyǒu shíjiān, nǐ néng tì wǒ qù ma?**
時間がないので、代わりに行ってくれますか。
大家都替你高兴。 **Dàjiā dōu tì nǐ gāoxìng.**
みんなはあなたのために喜んでいます。

- □ 理解する
- □ 満足する
- □ 心配する
- □ 安心する
- □ 驚く
- □ 記憶する
- □ 覚えている
- □ 忘れる
- □ 感謝する
- □ 批判する
- □ 尊敬する
- □ 関心を持つ

まとめて覚えよう　ー 度量衡

重さ			
	毫克	háokè	ミリグラム
	克	kè	グラム
	公斤	gōngjīn	キログラム
	吨	dūn	トン
	两	liǎng	(中国の重さの単位)50グラム
	斤	jīn	(中国の重さの単位)500グラム

長さ			
	毫米	háomǐ	ミリメートル
	厘米	límǐ	センチ
	米	mǐ	メートル
	公里	gōnglǐ	キロメートル
	寸	cùn	(中国の長さの単位)寸(約3.3センチ)
	尺	chǐ	(中国の長さの単位)尺(約30センチ)
	公尺	gōngchǐ	メートル

量／体積			
	毫升	háoshēng	ミリリットル
	分升	fēnshēng	デシリットル
	公升	gōngshēng	リットル
	平方米	píngfāngmǐ	平方メートル
	立方米	lìfāngmǐ	立方メートル

パーセント(%)表示			
	分之	…fēnzhī…	パーセント
	百分之二	bǎi fēn zhī èr	2パーセント
	百分之十	bǎi fēn zhī shí	10パーセント
	百分之(一)百	bǎi fēn zhī (yī) bǎi	100パーセント
	四分之一	sì fēn zhī yī	4分の1

キクタン中国語

7週目

✓ 学習したらチェック!

■ 43日目　名詞 21
■ 44日目　名詞 22
■ 45日目　名詞 23
■ 46日目　名詞 24
■ 47日目　動詞 14
■ 48日目　動詞 15
■ 49日目　接続詞 2

中国語で言ってみよう！

私たちは幸せです。

（答えは 549）

名詞21

Check 1 043

□ 505
国家
guójiā
名 国、国家
“国”は単独では使えず、どの国という場合には“哪些国”とは言わず“哪个国家/哪些国家”と言う

□ 506
政府
zhèngfǔ
名 政府、行政機関
市政府 shìzhèngfǔ　市役所

□ 507
政治
zhèngzhì
名 政治

□ 508
首都
shǒudū
名 首都
副 都 dōu（すべて、みんな）

□ 509
城市
chéngshì
! 名 町、都市
⇔ 农村 nóngcūn（農村）

□ 510
社会
shèhuì
名 社会

继续
▼

中国語の"政府"は"市政府 shìzhèngfǔ"(市役所)、"乡政府 xiāngzhèngfǔ"(村役場)など行政機関全般に使います。

Check 2

092

你都去过哪些国家?

Nǐ dōu qùguo nǎxiē guójiā?

あなたはどの国に行ったことがありますか。

他在市政府工作。

Tā zài shìzhèngfǔ gōngzuò.

彼は市役所で働いています。

这是一个政治问题。

Zhè shì yí ge zhèngzhì wèntí.

これは政治問題です。

北京是中国的首都。

Běijīng shì Zhōngguó de shǒudū.

北京は中国の首都です。

上海是一座大城市。

Shànghǎi shì yí zuò dà chéngshì.

上海は大都市です。

社会发展很快。

Shèhuì fāzhǎn hěn kuài.

社会は発展が速いです。

继续
▼

名詞21

Check 1

043

□ 511

自由

zìyóu

名 自由
形 自由である

□ 512 ✎経済

经济

jīngjì

名 経済

□ 513 ✎場

市场

shìchǎng

名 市場、マーケット

□ 514 ✎貿

贸易

màoyì

名 貿易
对外贸易 duìwài màoyì　対外貿易

□ 515 ✎価銭

价钱

jiàqián

名 値段

□ 516 ✎資

工资

gōngzī

名 給料
发工资 fā gōngzī　給料を支払う

w日目 042
Quick Review
答えは次頁

□ 影响
□ 发展
□ 提高
□ 经过
□ 实现
□ 出现
□ 结束
□ 完成
□ 取消
□ 变
□ 破
□ 替

Check 2

🎧 092

他们有自由吗?
Tāmen yǒu zìyóu ma?
彼らには自由がありますか。

我对经济问题很感兴趣。
Wǒ duì jīngjì wèntí hěn gǎn xìngqù.
私は経済問題にとても関心があります。

中国的市场很大。
Zhōngguó de shìchǎng hěn dà.
中国の市場は大きいです。

我在一家贸易公司上班。
Wǒ zài yì jiā màoyì gōngsī shàngbān.
私は貿易会社で働いています。

这个商品价钱不贵。
Zhège shāngpǐn jiàqián bú guì.
この商品は値段が高くない。

我的工资不高。
Wǒ de gōngzī bù gāo.
私の給料は高くありません。

- □ 影響する
- □ 発展する
- □ 高める
- □ 通過する
- □ 実現する
- □ 現れる
- □ 終わる
- □ 完成する
- □ 取り消す
- □ 変わる
- □ 破れる
- □ ～の代わりをする

名詞22

Check 1 044

□ 517 ✎幣
人民币
rénmínbì
名（中国の通貨）人民元

□ 518
日元
rìyuán
名 日本円

□ 519
美元
měiyuán
名 アメリカドル
関 欧元 ōuyuán（ユーロ）

□ 520
人们
rénmen
名 人々

□ 521
人民
rénmín
名 人民

□ 522
人口
rénkǒu
名 人口

继续 ▼

中国の紙幣では"一"、"五"、"十"が"壹"、"伍"、"拾"となり、
これは"大写 dàxiě"という書体で、領収書でも使われます。

Check 2

🎧 093

我想换人民币。

Wǒ xiǎng huàn rénmínbì.

私は人民元を換えたい。

今天 1 万日元换 640 元人民币。

Jīntiān yí wàn rìyuán huàn liùbǎi sìshí yuán rénmínbì.

今日は 1 万円が 640 元になります。

一个学期要 1500 美元左右。

Yí ge xuéqī yào yìqiān wǔbǎi měiyuán zuǒyòu.

1 学期 1500 ドルくらい必要です。

人们都喜欢热情的人。

Rénmen dōu xǐhuan rèqíng de rén.

人々はみんな親切な人が好きです。

人民的幸福是最重要的。

Rénmín de xìngfú shì zuì zhòngyào de.

人民の幸せが最も重要です。

中国有十四亿人口。

Zhōngguó yǒu shísì yì rénkǒu.

中国は 14 億の人口を有します。

继续
▼

名詞22

Check 1

044

□ 523
民族
mínzú
名 民族

□ 524
家庭
jiātíng
名 家庭

□ 525
生活
shēnghuó
名 生活

□ 526 ✎業
企业
qǐyè
名 企業

□ 527
想法
xiǎngfa
名 考え、考え方、方法
有想法 yǒu xiǎngfa　考えがある
動 想法 xiǎng▾fǎ（方法や手段を考える）

□ 528 ✎見
意见
yìjian
名 意見、考え、不満、文句
发表意见 fābiǎo yìjian　意見を発表する

43日目 043
Quick Review
答えは次頁

□ 国家	□ 城市	□ 市场
□ 政府	□ 社会	□ 贸易
□ 政治	□ 自由	□ 价钱
□ 首都	□ 经济	□ 工资

Check 2

093

中国有很多**民族**。
Zhōngguó yǒu hěn duō **mínzú**.
中国には多くの民族がいます。

我妈妈是**家庭**主妇。
Wǒ māma shì **jiātíng** zhǔfù.
私の母は専業主婦です。

我喜欢留学**生活**。
Wǒ xǐhuan liúxué **shēnghuó**.
私は留学生活が好きです。

我哥哥在大**企业**工作。
Wǒ gēge zài dà**qǐyè** gōngzuò.
私の兄は大企業で働いています。

我的**想法**跟你的一样。
Wǒ de **xiǎngfa** gēn nǐ de yíyàng.
私の考えはあなたの［考え］と同じです。

我想听听你的**意见**。
Wǒ xiǎng tīngting nǐ de **yìjian**.
あなたの意見をちょっと聞いてみたいです。

- □ 国
- □ 政府
- □ 政治
- □ 首都
- □ 町
- □ 社会
- □ 自由
- □ 経済
- □ 市場
- □ 貿易
- □ 値段
- □ 給料

名詞23

Check 1

045

□ 529 ✎義

意义

yìyì

名 **意義、価値、意味**

□ 530

作用

zuòyòng

名 **機能、役割、働き**

動 作用する、働きかける

□ 531

原因

yuányīn

名 **原因**

□ 532

目的

mùdì

名 **目的**

□ 533 ✎標

目标

mùbiāo

名 **目標**

实现目标 shíxiàn mùbiāo 目標を実現する

□ 534

方法

fāngfǎ

名 **方法、手段、やり方**

继续
▼

簡体字に注目。「もんがまえ」は“关”のように「門」を取るパターンと、“问”のように「門」を簡略化するパターンがあります。

Check 2

094

这件事很有意义。
Zhè jiàn shì hěn yǒu yìyì.
この件は有意義です。

这种药有作用吗?
Zhè zhǒng yào yǒu zuòyòng ma?
この薬は効き目がありますか。

我们还不清楚是什么原因。
Wǒmen hái bù qīngchu shì shénme yuányīn.
私たちはまだ何が原因かはっきりしていません。

我学习外语的目的是为了留学。
Wǒ xuéxí wàiyǔ de mùdì shì wèile liúxué.
私が外国語を学ぶ目的は留学のためです。

我们的目标还没有实现。
Wǒmen de mùbiāo hái méiyou shíxiàn.
私たちの目標はまだ実現していません。

你有什么学习外语的好方法吗?
Nǐ yǒu shénme xuéxí wàiyǔ de hǎo fāngfǎ ma?
何か外国語のよい勉強法がありますか。

继续
▼

名詞23

Check 1

045

□ 535 ✎難

困难

kùnnan

名 **困難**

□ 536 ✎錯誤

错误

cuòwù

名 **間違い**

形 間違っている

⇔ **正确** zhèngquè（正しい）

□ 537 ✎況

情况

qíngkuàng

名 **状況**

□ 538 ✎变化

变化

biànhuà

名 **変化**

□ 539

内容

nèiróng

名 **内容**

□ 540 ✎関係

关系

guānxi

名 **関係**

動 関わる

44日目 044
Quick Review
答えは次頁

□ 人民币　□ 人民　□ 生活
□ 日元　□ 人口　□ 企业
□ 美元　□ 民族　□ 想法
□ 人们　□ 家庭　□ 意见

Check 2

🎧 094

你学习汉语的时候遇到了哪些困难？
Nǐ xuéxí Hànyǔ de shíhou yùdàole nǎxiē kùnnan?
あなたは中国語を勉強しているとき、どんな困難にぶつかりましたか。

这篇文章有很多错误。 Zhè piān wénzhāng yǒu hěn duō cuòwù.
この文章には多くの間違いがあります。

这些都是错误的。 Zhèxiē dōu shì cuòwù de.
これらは全部間違っています。

他最近的工作情况怎么样？
Tā zuìjìn de gōngzuò qíngkuàng zěnmeyàng?
彼は最近仕事の状況はどうですか。

最近几年中国的变化非常大。
Zuìjìn jǐ nián Zhōngguó de biànhuà fēicháng dà.
ここ数年、中国の変化は非常に大きいです。

今天的会是什么内容？
Jīntiān de huì shì shénme nèiróng?
今日の会議はどんな内容ですか。

他们两个人的关系很好。 Tāmen liǎng ge rén de guānxi hěn hǎo.
彼ら２人の関係は良好です。

这个计划关系到我的未来。 Zhège jìhuà guānxidào wǒ de wèilái.
この計画は私の未来に関わります。

- □ (中国の通貨)人民元
- □ 日本円
- □ アメリカドル
- □ 人々
- □ 人民
- □ 人口
- □ 民族
- □ 家庭
- □ 生活
- □ 企業
- □ 考え
- □ 意見

名詞24

Check 1

046

□ 541 ✎象

印象

yìnxiàng

名 印象

□ 542 ✎条

条件

tiáojiàn

名 条件

□ 543 ✎続

手续

shǒuxù

名 手続き

办手续 bàn shǒuxù　手続きをする

□ 544

全部

quánbù

名 全部

□ 545

部分

bùfen

名 部分

□ 546

方面

fāngmiàn

名 方面、～側、分野

继续 ▼

"网络游戏 wǎngluò yóuxì"(オンラインゲーム)で"聊天liáotiān"(チャット)ができるよう、中国語入力もマスターしましょう。

Check 2

095

我对他印象很好。

Wǒ duì tā yìnxiàng hěn hǎo.

私の彼に対する印象はよいです。

这个公司的条件很好。

Zhège gōngsī de tiáojiàn hěn hǎo.

この会社の条件はよいです。

我去银行办手续。

Wǒ qù yínháng bàn shǒuxù.

私は銀行に手続きをしに行きます。

问题已经全部解决了。

Wèntí yǐjīng quánbù jiějué le.

問題はもう全て解決しました。

今天下午部分地区有雨。

Jīntiān xiàwǔ bùfen dìqū yǒu yǔ.

今日の午後はところにより雨です。

他在这方面有很多研究。

Tā zài zhè fāngmiàn yǒu hěn duō yánjiū.

彼はこの方面でたくさんの研究があります。

继续
▼

名詞24

Check 1　🎧046

□ 547

方向

fāngxiàng

名 **方向**、**方角**

□ 548 ✏囲

周围

zhōuwéi

名 **周り**、**周囲**

□ 549

幸福

xìngfú

名 **幸福**

形 幸福である、幸せである

□ 550 ✏計劃

计划

jìhuà

名 **計画**

動 計画を立てる

□ 551 ✏芸術

艺术

yìshù

名 **芸術**

□ 552 ✏遊戯

游戏

yóuxì

名 **ゲーム**、**遊び**

玩儿游戏 wánr yóuxì　ゲームをする

45日目 🎧045
Quick Review
答えは次頁

□ 意义	□ 目标	□ 情况
□ 作用	□ 方法	□ 变化
□ 原因	□ 困难	□ 内容
□ 目的	□ 错误	□ 关系

Check 2 095

请问，邮局在哪个方向？
Qǐngwèn, yóujú zài nǎge fāngxiàng?
すみません、郵便局はどの方向にありますか。

我家周围都是山。
Wǒ jiā zhōuwéi dōu shì shān.
私の家の周りは山ばかりです。

为大家的幸福，干杯！ Wèi dàjiā de xìngfú, gānbēi!
みなさんの幸せのために、乾杯！
我们很幸福。Wǒmen hěn xìngfú.
私たちは幸せです。

我有一个去中国留学的计划。Wǒ yǒu yí ge qù Zhōngguó liúxué de jìhuà.
私には中国へ留学に行く計画があります。
我计划明年去中国留学。Wǒ jìhuà míngnián qù Zhōngguó liúxué.
私は来年中国に留学に行く計画をしています。

他是一个艺术家。
Tā shì yí ge yìshùjiā.
彼は芸術家です。

现在的年轻人喜欢玩儿电子游戏。
Xiànzài de niánqīngrén xǐhuan wánr diànzǐ yóuxì.
今の若者は［電子］ゲームで遊ぶのが好きです。

☐ 意義 ☐ 目標 ☐ 状況
☐ 機能 ☐ 方法 ☐ 変化
☐ 原因 ☐ 困難 ☐ 内容
☐ 目的 ☐ 間違い ☐ 関係

47日目 動詞14

Check 1

047

□ 553
作
zuò
動 作る

□ 554 ✎為
作为
zuòwéi
動 ～とする
前 ～として、～たるもの

□ 555 ✎為
为
wéi
動 ～とする、～と見なす、～になる
前 为 wèi（～のために）

□ 556 ✎顕
显得
xiǎnde
動 ～のように見える

□ 557 ✎以為
以为
yǐwéi
動 ～と思う、考える、思い込む
"以为"は思っていたことと事実が違う場合に使う

□ 558 ✎認為
认为
rènwéi
動 ～と思う、～と見なす

继续 ▼

使役の意味で「～するように言う」という日本語を中国語に訳すときは"让"を使うことに注意しましょう。

Check 2

096

我作了一首诗。
Wǒ zuòle yì shǒu shī.
私は詩を1首作りました。

这里是以前我们作为办公室的地方。 **Zhèli shì yǐqián wǒmen zuòwéi bàngōngshì de dìfang.**
ここは以前私たちが事務所にしていた場所です。

作为学生，应该努力学习。 **Zuòwéi xuésheng, yīnggāi nǔlì xuéxí.**
学生としてしっかり勉強しなくてはいけません。

他被选为代表。
Tā bèi xuǎnwéi dàibiǎo.
彼は代表に選ばれました。

她显得很年轻。
Tā xiǎnde hěn niánqīng.
彼女は若く見えます。

我以为他是日本人呢。
Wǒ yǐwéi tā shì Rìběnrén ne.
私は彼をてっきり日本人だと思っていました。

我认为他是个能干的人。
Wǒ rènwéi tā shì ge nénggàn de rén.
私は彼は能力のある人だと思います。

继续
▼

動詞14

Check 1

047

□ 559

感到

gǎndào

動 感じる、思う

□ 560 ✎讓

让

ràng

動 譲る、(～に) ～させる、～するように言う

□ 561

使

shǐ

! 動 使う、(～に) ～させる

"用"に比べ書き言葉に使われ、器具や力を使うことに使われる

「～させる」の意味では"**感到幸福**"や"**高兴**"のような静的な動詞が後ろにくる

□ 562

使用

shǐyòng

動 使用する

□ 563

利用

lìyòng

動 利用する

□ 564

上去

shàng▾qu

動 上がって行く、登って行く

補 **shang▾qu** 低いところから高いところへ、近くから遠くへ向かう動作を表す

46日目 046
Quick Review
答えは次頁

□ 印象 □ 部分 □ 幸福
□ 条件 □ 方面 □ 计划
□ 手续 □ 方向 □ 艺术
□ 全部 □ 周围 □ 游戏

Check 2

096

他的汉语太好了，我感到很意外。
Tā de Hànyǔ tài hǎo le, wǒ gǎndào hěn yìwài.
彼の中国語があまりに素晴らしいので、私は意外に感じました。

你让一让。 **Nǐ ràng yi ràng.**
少し譲ってください（あけてください）。

妈妈让我打扫房间。 **Māma ràng wǒ dǎsǎo fángjiān.**
母は私に部屋を掃除するように言いました。

我没使过这种电脑。 **Wǒ méi shǐguo zhè zhǒng diànnǎo.**
私はこのタイプのパソコンを使ったことがありません。

朋友的帮助使她感到幸福。 **Péngyou de bāngzhù shǐ tā gǎndào xìngfú.**
友達の助けが彼女を幸せに感じさせました。

这里可以使用信用卡吗?
Zhèli kěyǐ shǐyòng xìnyòngkǎ ma?
ここはクレジットカードが使えますか。

今年我想利用暑假去中国旅游。
Jīnnián wǒ xiǎng lìyòng shǔjià qù Zhōngguó lǚyóu.
今年は夏休みを利用して、中国へ旅行に行きたいです。

咱们坐电梯上去吧。 **Zánmen zuò diàntī shàngqu ba.**
エレベーターで上がっていきましょう。

快跑上去! **Kuài pǎoshangqu!**
早く駆け上がって行きなさい！

- □ 印象
- □ 条件
- □ 手続き
- □ 全部
- □ 部分
- □ 方面
- □ 方向
- □ 周り
- □ 幸福
- □ 計画
- □ 芸術
- □ ゲーム

動詞15

Check 1

048

□ 565

上来

shàng▾lai

動 上がって来る、登って来る

補 shang▾lai　下から上に向かってなされる動作を表す

□ 566

下去

xià▾qu

動 下りて行く

補 xia▾qu　上から下に、近くから遠くに向かってなされる動作を表す

□ 567

下来

xià▾lai

動 下りて来る

補 xia▾lai　上から下に向かってなされる動作を表す

□ 568 ✎進

进去

jìn▾qu

動 入って行く

補 jin▾qu　中に入って行く、中に入れる動作を表す

□ 569 ✎進

进来

jìn▾lai

動 入って来る

補 jin▾lai　外から中へ入って来る動作を表す

□ 570

出去

chū▾qu

動 出て行く

補 chu▾qu　中から外へと向かって行く動作を表す

继续
▼

動作の方向を示す「方向補語」の使い方を例文を通じて覚えていきましょう。

Check 2

097

你上来吧。 **Nǐ shànglai ba.**

上がっておいでよ。

你看，月亮爬上来了。 **Nǐ kàn, yuèliang páshanglai le.**

見て、月が出てきたよ。

你下去看看。 **Nǐ xiàqu kànkan.**

下りて行って見なさい。

他跑下楼去了。 **Tā pǎoxia lóu qu le.**

彼は走って下りて行きました。

他们从山上下来了。 **Tāmen cóng shān shang xiàlai le.**

彼らは山から下りて来ました。

你快坐下来吧！ **Nǐ kuài zuòxialai ba!**

早く座ってください！

老师在里面等你，你快进去吧。 **Lǎoshī zài lǐmiàn děng nǐ, nǐ kuài jìnqu ba.**

先生が中で待っているので、早く入って行きなさい。

李老师走进教室去了。 **Lǐ lǎoshī zǒujin jiàoshì qu le.**

李先生は [歩いて] 教室に入って行きました。

我可以进来吗？ **Wǒ kěyǐ jìnlai ma?**

入ってもいいですか。

小王从外面跑进来了。 **Xiǎo-Wáng cóng wàimiàn pǎojinlai le.**

王くんは外から駆け込んで来ました。

你出去看一下。 **Nǐ chūqu kàn yíxià.**

出て行ってちょっと見てみなさい。

老师走出教室去了。 **Lǎoshī zǒuchu jiàoshì qu le.**

先生は［歩いて］教室から出て行きました。

继续
▼

動詞15

Check 1

□ 571
出来
chū▾lai
動 **出て来る**
補 chu▾lai　中から外に出て来る動作を表す

□ 572
回去
huí▾qu
動 **帰って行く、戻って行く**
補 hui▾qu　元の場所に帰って行く動作を表す

□ 573
回来
huí▾lai
動 **帰って来る、戻って来る**
補 hui▾lai　元の場所に帰って来る動作を表す

□ 574 過
过去
guò▾qu
! 動 **離れて行く、通り過ぎて行く**
補 guo▾qu　ある経路を経て話者から遠ざかって行く動作を表す

□ 575 過
过来
guò▾lai
動 **通り過ぎて来る、やって来る**
補 guo▾lai　ある経路を経て話者に近づいて来る動作を表す

□ 576
起来
qǐ▾lai
動 **起き上がる**
補 qi▾lai　下から上への動作を表す

47日目 047
Quick Review
答えは次頁

□ 作
□ 作为
□ 为
□ 显得
□ 以为
□ 认为
□ 感到
□ 让
□ 使
□ 使用
□ 利用
□ 上去

Check 2
097

太阳出来了。 Tàiyang chūlai le.

太陽が出て来ました。

我看见她从超市走出来了。 Wǒ kànjiàn tā cóng chāoshì zǒuchulai le.

彼女がスーパーから出て来るのを見ました。

他们吃完晚饭就回去了。 Tāmen chīwán wǎnfàn jiù huíqu le.

彼らは夕食を食べ終わるとすぐに帰って行きました。

他们走着回去了。 Tāmen zǒuzhe huiqu le.

彼らは歩いて帰って行きました。

我今天晚上七点回来。 Wǒ jīntiān wǎnshang qī diǎn huílai.

私は今晩 7 時に帰って来ます。

他明天早上八点飞回来。 Tā míngtiān zǎoshang bā diǎn fēihuilai.

彼は明朝 8 時に [飛行機で] 帰って来ます。

我过去打听一下。 Wǒ guòqu dǎting yíxià.

ちょっと行って聞いてきます。

他向车站跑过去了。 Tā xiàng chēzhàn pǎoguoqu le.

彼は駅へ向かって走って行きました。

你快过来。 Nǐ kuài guòlai.

早くおいでよ。

小王朝我们走过来了。 Xiǎo-Wáng cháo wǒmen zǒuguolai le.

王くんは私たちのほうへ [歩いて] やって来ました。

快起来吧！ Kuài qǐlai ba!

早く起きなさい！

他站了起来。 Tā zhànle qilai.

彼は立ち上がりました。

☐ 作る
☐ ～とする
☐ ～とする
☐ ～のように見える

☐ ～と思う
☐ ～と思う
☐ 感じる
☐ 譲る

☐ 使う
☐ 使用する
☐ 利用する
☐ 上がって行く

接続詞2

Check 1

049

□ 577

如果

rúguǒ

接 もし、もし～なら

≒ 要是 yàoshi

📖 "就"と呼応することが多い

□ 578

要是

yàoshi

接 もし、もし～なら

≒ 如果 rúguǒ

□ 579

只要

zhǐyào

接 ～さえすれば、～さえあれば

📖 "就" と呼応することが多い

□ 580

只有

zhǐyǒu

接 ただ～だけが～

📖 "才" と呼応することが多い

□ 581

因此

yīncǐ

接 そのため、したがって

□ 582 ✎為

因为

yīnwei

接 ～のために、～なので

前 （原因や理由を示し）～のために

📖 "所以 suǒyǐ" と呼応することが多い

继续

▼

中国語には“因为…所以～”のようなパターン表現があります。ペアで効率よく覚えていきましょう。

Check 2

098

如果明天下雨，我们就不去了。

Rúguǒ míngtiān xià yǔ, wǒmen jiù bú qù le.

もし明日雨なら、私たちは行くのをやめます。

护照要是找不到，只好去大使馆办手续了。

Hùzhào yàoshi zhǎobudào, zhǐhǎo qù dàshǐguǎn bàn shǒuxù le.

もしパスポートが見つからなかったら、大使館に行って手続きをするしかない。

只要努力就能学好外语。

Zhǐyào nǔlì jiù néng xuéhǎo wàiyǔ.

努力さえすれば外国語をマスターできます。

只有你最了解我。

Zhǐyǒu nǐ zuì liǎojiě wǒ.

君だけが私を最も理解してくれる。

今天下大雨了，因此很多人迟到了。

Jīntiān xià dà yǔ le, yīncǐ hěn duō rén chídào le.

今日は大雨が降り、そのためたくさんの人が遅刻しました。

因为我教汉语，所以认识很多外国人。

Yīnwei wǒ jiāo Hànyǔ, suǒyǐ rènshi hěn duō wàiguórén.

私は中国語を教えているので、たくさんの外国人を知っています。

继续
▼

接続詞2

Check 1

□ 583 所以

所以

suǒyǐ

接 **だから**

"因为"と呼応することが多い

□ 584 過

不过

búguò

接 **ただ、しかし**

副 ～にすぎない

但是 dànshì、可是 kěshì（しかし）

□ 585

不但

búdàn

接 **～だけでなく**

不但 A，而且 B…（A だけでなく、しかも B…）

□ 586 雖

虽然

suīrán

接 **～ではあるが**

虽然 A，但是 B…（A ではあるが、B…）

□ 587

而且

érqiě

接 **その上、かつ、しかも**

□ 588 後

然后

ránhòu

接 **それから**

先 A…, 然后 B…（まず A、それから B）

48日目 048
Quick Review
答えは次頁

□ 上来	□ 进来	□ 回来
□ 下去	□ 出去	□ 过去
□ 下来	□ 出来	□ 过来
□ 进去	□ 回去	□ 起来

她每天都听录音，所以她的发音很好。
Tā měi tiān dōu tīng lùyīn, suǒyǐ tā de fāyīn hěn hǎo.
毎日録音を聞いているので、彼女の発音はよいです。

我喜欢足球，不过踢得不太好。 **Wǒ xǐhuan zúqiú, búguò tīde bú tài hǎo.**
私はサッカーが好きですが、あまり上手ではありません。

我不过随便问问。 **Wǒ búguò suíbiàn wènwen.**
ちょっと聞いてみたにすぎません。

他不但很认真，而且也很热情。
Tā búdàn hěn rènzhēn, érqiě yě hěn rèqíng.
彼はまじめなだけでなく、親切です。

虽然这件衣服很好看，但是太贵了。
Suīrán zhè jiàn yīfu hěn hǎokàn, dànshì tài guì le.
この服はきれいですが、高すぎます。

这个比那个好，而且便宜。
Zhège bǐ nàge hǎo, érqiě piányi.
これはあれよりもいいし、しかも安い。

她想先去留学，然后回国工作。
Tā xiǎng xiān qù liúxué, ránhòu huí guó gōngzuò.
彼女はまず留学して、そのあと帰国して働くつもりです。

- □ 上がって来る
- □ 下りて行く
- □ 下りて来る
- □ 入って行く
- □ 入って来る
- □ 出て行く
- □ 出て来る
- □ 帰って行く
- □ 帰って来る
- □ 離れて行く
- □ 通り過ぎて来る
- □ 起き上がる

まとめて覚えよう　－ 接尾辞

語の後ろに付けて，語を構成する要素を接尾辞といいます。
以下によく使うものをまとめました。

-家 -jiā	ある種の専門家 艺术家 yìshùjiā（芸術家）
-儿 -r	名詞の後ろにつけて小さいものや親近感のあるものを表す 花儿 huār（花）
-子 -zi	名詞や形容詞、動詞の後ろにつけて名詞を作る 椅子 yǐzi（椅子）
-头 -tóu	名詞や形容詞、動詞の後ろにつけて名詞を作る 石头 shítou（石）
-化 -huà	名詞や形容詞、動詞の後ろにつけて「～化」 现代化 xiàndàihuà（現代化）
-员 -yuán	団体や組織のメンバーを指して「～員」 运动员 yùndòngyuán（スポーツ選手）
-者 -zhě	名詞や形容詞、動詞の後ろにつけて、その状態や動作をする人を表す 志愿者 zhìyuànzhě（ボランティア）
-们 -men	人称代名詞や人を表す名詞の後ろについて複数を表す「～たち」 孩子们 háizimen（子供たち）

キクタン中国語

巻末付録

4級レベルで覚えたい

方位詞・量詞・数詞・パターン表現

方位詞

099

□ 589 **上面** shàngmiàn	**上、表面** ≒ 上边 shàngbian
今天要学的内容都在黑板上面。 Jīntiān yào xué de nèiróng dōu zài hēibǎn shàngmiàn.	今日学ぶ内容は全て黒板に（書いて）あります。
□ 590 **下面** xiàmiàn	**下、下の方、次** ≒ 下边 xiàbian
下面请张同学来回答问题。 Xiàmiàn qǐng Zhāng tóngxué lái huídá wèntí.	次は張くんに問題に答えてもらいましょう。
□ 591 **前面** qiánmiàn	**前、先、前方** ≒ 前边 qiánbian
前面是地铁二号线的车站 Qiánmiàn shì dìtiě èr hào xiàn de chēzhàn.	この先が、地下鉄 2 号線の駅です。
□ 592 **北方** běifāng	**北、北方**
从北方来的人 cóng běifāng lái de rén	北方から来た人
我是北方人。 Wǒ shì běifāngrén.	私は北方出身です。

49日目 049
Quick Review
答えは次頁

□ 如果	□ 只有	□ 所以	□ 虽然
□ 要是	□ 因此	□ 不过	□ 而且
□ 只要	□ 因为	□ 不但	□ 然后

□ 593 **南方** nánfāng	**南、南方**
南方话 nánfānghuà	南方の方言
我爸爸是北方人，我妈妈是南方人。 Wǒ bàba shì běifāngrén , wǒ māma shì nánfāngrén.	私の父は北方出身、母は南方出身です。
□ 594 辺 **边** biān	**辺り、~の方、はし、へり**
我们到海边去看看吧。 Wǒmen dào hǎibiān qù kànkan ba.	海辺まで行ってみましょう。
□ 595 辺 **一边** yìbiān	**一方、片方**
车站的一边是邮局，另一边是银行。 Chēzhàn de yìbiān shì yóujú, lìng yìbiān shì yínháng.	駅の一方は郵便局で、もう一方は銀行です。
□ 596 以 **以上** yǐshàng	**以上**
我要在中国住半年以上。 Wǒ yào zài Zhōngguó zhù bàn nián yǐshàng.	私は中国に半年以上住むつもりです。

□ もし
□ もし
□ ~さえすれば
□ ただ~だけが~
□ そのため
□ ~のために
□ だから
□ ただ
□ ~だけでなく
□ ~ではあるが
□ その上
□ それから

方位詞

099

□ 597 ✎以 **以下** yǐxià	**以下**
18 岁以下的人可以参加比赛。 Shíbā suì yǐxià de rén kěyǐ cānjiā bǐsài.	18 歳以下の人は試合に参加できます。
□ 598 ✎以 **以内** yǐnèi	**以内、中**
这张票三天以内有效。 Zhè zhāng piào sān tiān yǐnèi yǒuxiào.	このチケットは 3 日以内有効です。
□ 599 ✎以 **以外** yǐwài	**以外、外**
工作以外的时间我学汉语。 Gōngzuò yǐwài de shíjiān wǒ xué Hànyǔ.	仕事以外の時間、私は中国語を勉強します。
□ 600 **中心** zhōngxīn	**中央、中心、真ん中；センター**
我们大学在城市中心。 Wǒmen dàxué zài chéngshì zhōngxīn.	私たちの大学は市の中心にあります。

□ 601 ✎間 **中间** zhōngjiān	**真ん中、中心、間**
坐在小王和小李中间的是小张。 Zuòzài Xiǎo-Wáng hé Xiǎo-Lǐ zhōngjiān de shì Xiǎo-Zhāng.	王くんと李くんの間に座っているのが張くんです。
□ 602 **左右** zuǒyòu	**ぐらい、約、前後**
他三十岁左右。 Tā sānshí suì zuǒyòu.	彼は 30 歳ぐらいです。

量詞

🎧 100

□ 603

句

jù

～句（言葉を数える）

一句话 yí jù huà ひと言

下面请张老师讲几句话。
Xiàmiàn qǐng Zhāng lǎoshī jiǎng jǐ jù huà.
次に、張先生にちょっとお話しいただきましょう。

□ 604 ✎篇

篇

piān

～編（文章を数える）

一篇文章 yì piān wénzhāng 1 編の文章

你能看懂这篇文章吗?
Nǐ néng kàndǒng zhè piān wénzhāng ma?
あなたはこの文章を読んで理解できますか。

□ 605

段

duàn

～段（音楽や文章などの一部分を数える）

这一段课文要背下来。
Zhè yí duàn kèwén yào bèixialai.
この部分の本文を暗記しなければいけません。

□ 606

首

shǒu

～首（歌や詩を数える）

一首歌 yì shǒu gē 1 曲の歌

我们一起来唱一首歌吧。
Wǒmen yìqǐ lái chàng yì shǒu gē ba.
私たちは一緒に 1 曲歌いましょう。

□ 607 **台** tái	**～台（機械を数える）**
办公室有两台电脑。 Bàngōngshì yǒu liǎng tái diànnǎo.	オフィスにはパソコンが 2 台あります。
□ 608 間 **间** jiān	**～間（部屋を数える）**
一间屋子 yì jiān wūzi	1 つの部屋
我家只有两间屋子。 Wǒ jiā zhǐ yǒu liǎng jiān wūzi.	私の家は 2 間しかありません。
□ 609 **棵** kē	**～本（木、草を数える）**
一棵树 yì kē shù	1 本の木
我家院子里有一棵樱花树。 Wǒ jiā yuànzi li yǒu yì kē yīnghuāshù.	私の家の庭にはサクラが 1 本ある。
□ 610 門 **门** mén	**～科目（学科などを数える）**
三门外语 sān mén wàiyǔ	3 ヵ国語
我已经学了两门外语了。 Wǒ yǐjīng xuéle liǎng mén wàiyǔ le.	私はすでに 2 カ国語を学びました。

量詞

🎧 100

□ 611 ✎所 **所** suǒ	**～軒（施設などの建物を数える）**
一所大学 yì suǒ dàxué	1 つの大学
这是一所非常有名的大学。 Zhè shì yì suǒ fēicháng yǒumíng de dàxué.	これは非常に有名な大学です。
□ 612 **匹** pǐ	**～匹、～頭（馬などの数を数える）**
奶奶家有三匹马。 Nǎinai jiā yǒu sān pǐ mǎ.	祖母の家には馬が 3 匹います。
□ 613 **名** míng	**～名、～人（人を数える）**
我妈妈是一名教师。 Wǒ māma shì yì míng jiàoshī.	私の母は教師です。
□ 614 **根** gēn	**～本（細長いものを数える）**
一根烟 yì gēn yān	1 本のタバコ
他拿出了一根烟。 Tā náchule yì gēn yān.	彼はタバコを 1 本取り出しました。

□ 615 **对** duì	**～対（夫婦やつがいのように対になっているものを数える）、～組**
我买了一对鸟。 **Wǒ mǎile yí duì niǎo.**	私は1対の（つがいの）鳥を買いました。
□ 616 **套** tào	**～セット（セットになっているものを数える）**
一套书 yí tào shū	1 セットの本
昨天我买了两套餐具。 **Zuótiān wǒ mǎile liǎng tào cānjù.**	私は昨日 2 セットの食器を買いました。
□ 617 筆 **笔** bǐ	**～口（まとまったお金を数える）**
父母给我留下了一笔钱。 **Fùmǔ gěi wǒ liúxiale yì bǐ qián.**	両親は私にまとまったお金を残してくれました。
□ 618 層 **层** céng	**～階、～層（建物の回数など幾重にも重なったものを数える）**
这座大楼一共有多少层? **Zhè zuò dàlóu yígòng yǒu duōshao céng?**	このビルは全部で何階ですか。

量詞

🎧 100

□ 619 ✎盤 **盤** pán	**～皿（皿に盛ったもの、機械、渦巻状のもの、試合などを数える）**
一盘菜 yì pán cài	1 皿の料理
这盘菜太咸了！ Zhè pán cài tài xián le!	この料理はしょっぱすぎます！
□ 620 **趟** tàng	**～回、～度（往復する動作を数える）**
去一趟 qù yí tàng	1 往復する
城际列车每二十分钟一趟。 Chéngjì lièchē měi èrshí fēnzhōng yí tàng.	都市間列車は 20 分に 1 本です。
□ 621 **回** huí	**～回、～度（動作の回数を表す）**
去一回 qù yì huí	1 回行く
我去过一回上海。 Wǒ qùguo yì huí Shànghǎi.	私は上海に1度行ったことがある。
□ 622 ✎場 **场** chǎng	**～回、～試合（競技や芝居などを数える）** 名 場所
一场电影 yì chǎng diànyǐng	1 回の上映
我昨天下午看了一场电影。 Wǒ zuótiān xiàwǔ kànle yì chǎng diànyǐng.	私は昨日の午後映画を見ました。

□ 623 ✎場 **场** cháng	**～回（風雨や災害、病気など一定期間経過する現象を数える）**
昨天下了一场大雨。 **Zuótiān xiàle yì cháng dàyǔ.**	昨日、大雨が降りました。
□ 624 ✎頓 **顿** dùn	**～回、～度（食事の回数や叱責などを数える）**
两顿饭 liǎng dùn fàn	2 回の食事
他每天只吃一顿饭。 **Tā měi tiān zhǐ chī yí dùn fàn.**	彼は 1 日 1 度しか食事を取りません。
□ 625 **倍** bèi	**～倍**
大一倍 dà yí bèi	倍の大きさ
学习汉语的人增加了一倍。 **Xuéxí Hànyǔ de rén zēngjiāle yí bèi.**	中国語を学習する人は 2 倍に増えました。

数詞

101

□ 626 ✎許 **许多** xǔduō	**多く、たくさん**
我有许多中国朋友。 **Wǒ yǒu xǔduō Zhōngguó péngyou.**	私はたくさんの中国人の友達がいます。
□ 627 **一些** yìxiē	**ちょっと、いくつかの**
我还有一些问题。 **Wǒ hái yǒu yìxiē wèntí.**	私はまだいくつか質問があります。
□ 628 **俩** liǎ	**2つ** "两个"の縮約形
你们俩去哪儿? **Nǐmen liǎ qù nǎr?**	あなたたち 2 人はどこへ行くのですか。

パターン表現

102

□ 629 **会…的** huì … de	**きっと…するはずだ**
他一定会来的。 **Tā yídìng huì lái de.**	彼はきっと来るはずです。
□ 630 **是…的** shì … de	**…したのだ**
我是昨天来的。 **Wǒ shì zuótiān lái de.**	私は昨日来たのです。
□ 631 **太…了** tài … le	**とても…だ**
演出太精彩了。 **Yǎnchū tài jīngcǎi le.**	公演はとても素晴らしかったです。
□ 632 **不…了** bù … le	**…しないことにする**
今天的会他不参加了。 **Jīntiān de huì tā bù cānjiā le.**	彼は今日の会に参加しないことにしました。
□ 633 **因为…所以～** yīnwèi … suǒyǐ ～	**…なので～だ**
因为我明天没有时间，所以不能参加会议。 **Yīnwèi wǒ míngtiān méiyǒu shíjiān, suǒyǐ bù néng cānjiā huìyì.**	明日は時間がないので、会議に出席できません。

パターン表現

102

□ 634

不但…而且～

búdàn … érqiě ～

…だけでなく～だ

她不但唱得很好，而且舞跳得也好。
Tā búdàn chàngde hěn hǎo, érqiě wǔ tiàode yě hǎo.

彼女は歌だけではなく、ダンスも上手です。

□ 635

虽然…但是～

suīrán … dànshì ～

…ではあるけれども～だ

她虽然年纪很大了，但是身体非常健康。
Tā suīrán niánjì hěn dà le, dànshì shēntǐ fēicháng jiànkāng.

彼女は年を取りましたが、体は非常に元気です。

□ 636

要是…就～

yàoshi … jiù ～

もし…なら～だ

你要是不同意，我就不去。
Nǐ yàoshi bù tóngyì, wǒ jiù bú qù.

もし君が賛成してくれなければ、私は行きません。

□ 637

如果…的话～

rúguǒ … dehuà ～

もし…なら～だ

如果明天有空的话，我们去看电影吧。
Rúguǒ míngtiān yǒu kòng dehuà, wǒmen qù kàn diànyǐng ba.

明日暇なら、一緒に映画を見に行きましょう。

□ 638

只要…就～

zhǐyào … jiù ～

…さえすれば～

只要努力学习，就会取得好成绩。
Zhǐyào nǔlì xuéxí, jiù huì qǔdé hǎo chéngjì.

努力して勉強しさえすれば、良い成績を収めることができます。

□ 639
只有…才～
zhǐyǒu … cái ～

…してこそ～

只有多听多写，才能学好汉语。
Zhǐyǒu duō tīng duō xiě, cái néng xuéhǎo Hànyǔ.

たくさん聞いて、書いてこそ、中国語をマスターできます。

□ 640
先…再～
xiān … zài ～

まず…、それから～

先回家，换件衣服再过来吧。
Xiān huí jiā, huàn jiàn yīfu zài guòlai ba.

まず家に帰って、服を着替えてから来てください。

□ 641
从…起～
cóng … qǐ ～

…から～

从明天起我不抽烟了。
Cóng míngtiān qǐ wǒ bù chōuyān le.

明日から私はタバコを吸いません。

□ 642
连…都／也～
lián … dōu ／ yě ～

…さえも

这个问题连小孩子都知道。
Zhège wèntí lián xiǎoháizi dōu zhīdao.

この問題は子供でさえも知っている。

□ 643
对…来说～
duì … lái shuō ～

…にとって～

对我来说这个问题很简单。
Duì wǒ lái shuō zhège wèntí hěn jiǎndān.

私にとって、この問題は簡単です。

パターン表現

102

□ 644 **跟／和…一样～** gēn ／ hé … yíyàng ～	**…と同じく～だ**
我跟他一样大。 Wǒ gēn tā yíyàng dà.	私は彼と同い年です。
□ 645 **就要…了** jiùyào … le	**もうすぐ…だ**
十月就要比赛了。 Shíyuè jiùyào bǐsài le.	10月にはもう試合です。
□ 646 **快要…了** kuàiyào … le	**もうすぐ…だ**
快要暑假了。 Kuàiyào shǔjià le.	もうすぐ夏休みです。
□ 647 **快…了** kuài … le	**もうすぐ…だ**
快放假了，你有什么打算? Kuài fàngjià le, nǐ yǒu shénme dǎsuan?	もうすぐ休みですが､何か計画がありますか。
□ 648 **要…了** yào … le	**まもなく…する**
要下雨了。 Yào xià yǔ le.	雨が降りそうです。

□ 649 **都…了** dōu … le	**もう…だ**
都十二点了。 **Dōu shí'èr diǎn le.**	もう 12 時です。
□ 650 **已经…了** yǐjīng … le	**もう…した**
他已经来了。 **Tā yǐjīng lái le.**	彼はもう来ました。
□ 651 **还…呢** hái … ne	**まだ…だ**
时间还早呢。 **Shíjiān hái zǎo ne.**	[時間は] まだ早いですよ。
□ 652 **还没…呢** hái méi … ne	**まだ…していない**
他还没来呢。 **Tā hái méi lái ne.**	彼はまだ来ていません。
□ 653 **从…到～** cóng … dào ～	**…から～まで**
从星期一到星期六都有课。 **Cóng xīngqīyī dào xīngqīliù dōu yǒu kè.**	月曜日から土曜日まで授業があります。

索引

[ピンイン順]

見出し語は現代漢語詞典の並びを参考にピンイン順に並べた。それぞれの語彙の右側にある数字は見出し語番号を表しています。

Ⓐ

- □ 阿姨 āyí 010
- □ 爱人 àiren 014
- □ 安排 ānpái 221

Ⓑ

- □ 白菜 báicài 263
- □ 搬 bān 083
- □ 搬家 bān▾jiā 084
- □ 办公室 bàngōngshì 185
- □ 半天 bàntiān 042
- □ 帮 bāng 078
- □ 帮忙 bāng▾máng 227
- □ 棒 bàng 051
- □ 傍晚 bàngwǎn 032
- □ 包子 bāozi 273
- □ 报纸 bàozhǐ 127
- □ 北方 běifāng 592
- □ 倍 bèi 625
- □ 被 bèi 369
- □ 比 bǐ 368
- □ 動比赛 bǐsài 246
- □ 名比赛 bǐsài 430
- □ 笔 bǐ 617
- □ 笔记本 bǐjìběn 093
- □ 毕业 bì▾yè 387
- □ 边 biān 594
- □ 变 biàn 502
- □ 变化 biànhuà 538
- □ 表 biǎo 095
- □ 表示 biǎoshì 308
- □ 表演 biǎoyǎn 395
- □ 别人 biéren 286
- □ 宾馆 bīnguǎn 172
- □ 玻璃 bōli 112
- □ 博物馆 bówùguǎn 177
- □ 不过 búguò 584
- □ 不但 búdàn 585
- □ 部分 bùfen 545

Ⓒ

- □ 擦 cā 064
- □ 菜单 càidān 257
- □ 操场 cāochǎng 202
- □ 草 cǎo 466
- □ 层 céng 618
- □ 查 chá 145
- □ 尝 cháng 079
- □ 常 cháng 330
- □ 场 cháng 623
- □ 场 chǎng 622
- □ 朝 cháo 372
- □ 吵 chǎo 069
- □ 成绩 chéngjì 198
- □ 乘客 chéngkè 028
- □ 城市 chéngshì 509
- □ 吃惊 chī▾jīng 485
- □ 抽 chōu 076
- □ 抽烟 chōu▾yān 077
- □ 出差 chū▾chāi 162
- □ 出来 chū▾lai 571
- □ 出去 chū▾qu 570
- □ 出现 chūxiàn 498
- □ 出租汽车 chūzū qìchē 203
- □ 初中 chūzhōng 200
- □ 厨房 chúfáng 188
- □ 从前 cóngqián 038
- □ 醋 cù 272
- □ 错 cuò 384
- □ 错误 cuòwù 536

Ⓓ

- □ 答应 dāying 306
- □ 打扫 dǎsǎo 075
- □ 大概 dàgài 417
- □ 大使馆 dàshǐguǎn 179
- □ 担心 dān▾xīn 483
- □ 淡 dàn 294
- □ 但是 dànshì 419
- □ 导游 dǎoyóu 161
- □ 倒 dǎo 153
- □ 到底 dàodǐ 410
- □ 地 de 470
- □ 得 de 469
- □ 得 dé 321
- □ 得到 dé▾dào 322
- □ 地球 dìqiú 457
- □ 地区 dìqū 170
- □ 地址 dìzhǐ 171
- □ 电灯 diàndēng 113
- □ 碟子 diézi 103
- □ 丢 diū 068
- □ 动 dòng 152
- □ 动物 dòngwù 468
- □ 都 dōu 479
- □ 段 duàn 605
- □ 锻炼 duànliàn 245
- □ 对 duì 615
- □ 对话 duìhuà 304
- □ 顿 dùn 624
- □ 多么 duōme 326

Ⓔ

- □ 儿童 értóng 002
- □ 而且 érqiě 587
- □ 二胡 èrhú 423

Ⓕ

- □ 发烧 fā▾shāo 233
- □ 发生 fāshēng 405
- □ 发现 fāxiàn 323
- □ 发音 fāyīn 346
- □ 发展 fāzhǎn 494
- □ 翻译 fānyì 392
- □ 反对 fǎnduì 311
- □ 饭馆 fànguǎn 175
- □ 方法 fāngfǎ 534
- □ 方面 fāngmiàn 546
- □ 方向 fāngxiàng 547

□ 访问 fǎngwèn 222
□ 放假 fàng▼jià 159
□ 放心 fàng▼xīn 484
□ 丰富 fēngfù 142
□ 风景 fēngjǐng 465
□ 父母 fùmǔ 013
□ 父亲 fùqin 011
□ 复杂 fùzá 215

Ⓖ

□ 赶快 gǎnkuài 477
□ 感到 gǎndào 559
□ 感动 gǎndòng 252
□ 感谢 gǎnxiè 489
□ 刚刚 gānggāng 411
□ 高中 gāozhōng 201
□ 各 gè 367
□ 根 gēn 614
□ 工人 gōngrén 027
□ 工资 gōngzī 516
□ 够 gòu 156
□ 姑娘 gūniang 009
□ 刮 guā 155
□ 拐 guǎi 149
□ 关系 guānxi 540
□ 关心 guānxīn 492
□ 广播 guǎngbō 240
□ 广场 guǎngchǎng 182
□ 逛 guàng 146
□ 国家 guójiā 505
□ 果汁 guǒzhī 342
□ 过来 guò▼lai 575
□ 过去 guò▼qu 574

Ⓗ

□ 害怕 hàipà 397
□ 好处 hǎochù 441
□ 好好儿 hǎohāor 475
□ 好像 hǎoxiàng 406
□ 合适 héshì 059
□ 红绿灯 hónglǜdēng 183
□ 后来 hòulái 039
□ 忽然 hūrán 335
□ 互相 hùxiāng 414
□ 花茶 huāchá 341
□ 环境 huánjìng 459
□ 回 huí 621
□ 回答 huídá 305
□ 回来 huí▼lai 573
□ 回去 huí▼qu 572
□ 会 huì 361
□ 会话 huìhuà 303
□ 会议 huìyì 362
□ 活动 huódòng 241
□ 或者 huòzhě 420

Ⓙ

□ 几乎 jīhū 472
□ 吉他 jítā 422
□ 计划 jìhuà 550
□ 记 jì 486
□ 记得 jìde 487
□ 季节 jìjié 085
□ 技术 jìshù 132
□ 加 jiā 167
□ 家庭 jiātíng 524
□ 加油 jiā▼yóu 251
□ 价钱 jiàqián 515
□ 间 jiān 608
□ 检查 jiǎnchá 235
□ 见面 jiàn▼miàn 217
□ 将来 jiānglái 036
□ 酱油 jiàngyóu 271
□ 交 jiāo 082
□ 脚 jiǎo 434
□ 教师 jiàoshī 025
□ 教育 jiàoyù 390
□ 结果 jiéguǒ 364
□ 节目 jiémù 130
□ 结束 jiéshù 499
□ 解决 jiějué 314
□ 今后 jīnhòu 040
□ 紧张 jǐnzhāng 207
□ 进来 jìn▼lai 569
□ 进去 jìn▼qu 568
□ 进行 jìnxíng 404
□ 经过 jīngguò 496
□ 经济 jīngjì 512
□ 经验 jīngyàn 448
□ 警察 jǐngchá 030
□ 就是 jiùshì 478
□ 橘子 júzi 267
□ 举 jǔ 063
□ 举行 jǔxíng 242
□ 句 jù 603
□ 句子 jùzi 351
□ 决定 juédìng 313

Ⓚ

□ 卡 kǎ 098
□ 卡拉 OK kǎlā OK 424
□ 卡片 kǎpiàn 099
□ 开车 kāi▼chē 228
□ 开水 kāishuǐ 276
□ 开学 kāi▼xué 386
□ 看病 kàn▼bìng 234
□ 棵 kē 609
□ 科学 kēxué 131
□ 咳嗽 késou 232
□ 可能 kěnéng 210
□ 可是 kěshì 418
□ 客厅 kètīng 187
□ 空气 kōngqì 460
□ 口袋 kǒudai 451
□ 口语 kǒuyǔ 349
□ 口罩 kǒuzhào 456
□ 快餐 kuàicān 255
□ 矿泉水 kuàngquánshuǐ 337
□ 困 kùn 143
□ 困难 kùnnan 535

Ⓛ

□ 拉 lā 062
□ 垃圾 lājī 119
□ 浪费 làngfèi 158
□ 老板 lǎobǎn 024
□ 老家 lǎojiā 190
□ 姥姥 lǎolao 019
□ 姥爷 lǎoye 018
□ 雷 léi 463
□ 离开 lí▼kāi 151
□ 理发 lǐ▼fà 164
□ 厉害 lìhai 205
□ 立刻 lìkè 336
□ 利用 lìyòng 563
□ 俩 liǎ 628
□ 联系 liánxì 236
□ 亮 liàng 139

☐ 聊天儿 liáo▾tiānr 301
☐ 了不起 liǎobuqǐ 052
☐ 了解 liǎojiě 481
☐ 领带 lǐngdài 452
☐ 流 liú 154
☐ 留学 liú▾xué 388
☐ 楼梯 lóutī 184
☐ 录音 lù▾yīn 239
☐ 录音机 lùyīnjī 117
☐ 路上 lùshang 169
☐ 旅馆 lǚguǎn 173
☐ 绿茶 lǜchá 339
☐ 律师 lǜshī 029

Ⓜ

☐ 马拉松 mǎlāsōng 429
☐ 马路 mǎlù 180
☐ 满意 mǎnyì 482
☐ 慢慢儿 mànmānr 476
☐ 毛病 máobing 443
☐ 贸易 màoyì 514
☐ 每 měi 366
☐ 美 měi 049
☐ 美丽 měilì 050
☐ 美术 měishù 360
☐ 美元 měiyuán 519
☐ 门 mén 610
☐ 米 mǐ 258
☐ 密码 mìmǎ 359
☐ 面 miàn 259
☐ 面条 miàntiáo 260
☐ 民族 mínzú 523
☐ 名 míng 613
☐ 摩托车 mótuōchē 204
☐ 母亲 mǔqin 012
☐ 目标 mùbiāo 533
☐ 目的 mùdì 532
☐ 目前 mùqián 037

Ⓝ

☐ 那边 nàbiān 278
☐ 那样 nàyàng 280
☐ 南方 nánfāng 593
☐ 难过 nánguò 206
☐ 男孩儿 nánháir 003
☐ 男人 nánrén 005
☐ 脑子 nǎozi 431
☐ 闹 nào 403
☐ 内容 nèiróng 539
☐ 能干 nénggàn 055
☐ 能力 nénglì 449
☐ 年龄 niánlíng 437
☐ 浓 nóng 293
☐ 女孩儿 nǚháir 004
☐ 女人 nǚrén 006
☐ 女士 nǚshì 008

Ⓟ

☐ 爬 pá 148
☐ 排球 páiqiú 426
☐ 派 pài 163
☐ 盘 pán 619
☐ 盘子 pánzi 104
☐ 跑步 pǎo▾bù 244
☐ 碰 pèng 080
☐ 碰见 pèng▾jiàn 081
☐ 批评 pīpíng 490
☐ 皮带 pídài 454
☐ 脾气 píqi 444
☐ 匹 pǐ 612
☐ 篇 piān 604
☐ 拼音 pīnyīn 347
☐ 平常 píngcháng 044
☐ 平时 píngshí 043
☐ 瓶子 píngzi 105
☐ 破 pò 503
☐ 葡萄酒 pútaojiǔ 338
☐ 普通 pǔtōng 375
☐ 普通话 pǔtōnghuà 343

Ⓠ

☐ 妻子 qīzi 016
☐ 期间 qījiān 089
☐ 其实 qíshí 471
☐ 其他 qítā 285
☐ 奇怪 qíguài 213
☐ 起 qǐ 070
☐ 起来 qǐ▾lai 576
☐ 企业 qǐyè 526
☐ 气温 qìwēn 461
☐ 前面 qiánmiàn 591
☐ 浅 qiǎn 135
☐ 强调 qiángdiào 402
☐ 巧克力 qiǎokèlì 274
☐ 茄子 qiézi 264
☐ 清淡 qīngdàn 289
☐ 轻松 qīngsōng 208
☐ 情况 qíngkuàng 537
☐ 晴 qíng 137
☐ 请假 qǐng▾jià 160
☐ 请客 qǐng▾kè 220
☐ 穷 qióng 141
☐ 区别 qūbié 317
☐ 取消 qǔxiāo 501
☐ 全部 quánbù 544
☐ 劝 quàn 316
☐ 缺点 quēdiǎn 442
☐ 确实 quèshí 378

Ⓡ

☐ 然后 ránhòu 588
☐ 让 ràng 560
☐ 热烈 rèliè 214
☐ 人口 rénkǒu 522
☐ 人们 rénmen 520
☐ 人民 rénmín 521
☐ 人民币 rénmínbì 517
☐ 认为 rènwéi 558
☐ 日程 rìchéng 048
☐ 日元 rìyuán 518
☐ 日子 rìzi 047
☐ 如果 rúguǒ 577
☐ 软 ruǎn 134

Ⓢ

☐ 嗓子 sǎngzi 432
☐ 商场 shāngchǎng 174
☐ 商品 shāngpǐn 109
☐ 上来 shàng▾lai 565
☐ 上面 shàngmiàn 589
☐ 上去 shàng▾qu 564
☐ 上网 shàngwǎng 237
☐ 稍微 shāowēi 327
☐ 社会 shèhuì 510
☐ 深 shēn 136
☐ 什么的 shénmede 287
☐ 什么样 shénmeyàng 288
☐ 生病 shēng▾bìng 231

□ 生产 shēngchǎn 157
□ 生词 shēngcí 352
□ 生活 shēnghuó 525
□ 声调 shēngdiào 348
□ 胜利 shènglì 249
□ 师傅 shīfu 007
□ 十分 shífēn 328
□ 时代 shídài 087
□ 时期 shíqī 088
□ 实现 shíxiàn 497
□ 食品 shípǐn 256
□ 使 shǐ 561
□ 使用 shǐyòng 562
□ 世纪 shìjì 090
□ 市场 shìchǎng 513
□ 试 shì 385
□ 收音机 shōuyīnjī 116
□ 手绢 shǒujuàn 108
□ 手套 shǒutào 455
□ 手续 shǒuxù 543
□ 首 shǒu 606
□ 首都 shǒudū 508
□ 首先 shǒuxiān 334
□ 书包 shūbāo 097
□ 书架 shūjià 114
□ 叔叔 shūshu 020
□ 蔬菜 shūcài 262
□ 输 shū 248
□ 熟 shú 291
□ 熟悉 shúxi 398
□ 数 shù 356
□ 数量 shùliàng 358
□ 数学 shùxué 355
□ 数字 shùzì 357
□ 刷 shuā 073
□ 刷牙 shuā yá 074
□ 水平 shuǐpíng 353
□ 顺便 shùnbiàn 415
□ 顺利 shùnlì 299
□ 说话 shuō▾huà 302
□ 说明 shuōmíng 307
□ 死 sǐ 230
□ 算 suàn 166
□ 虽然 suīrán 586
□ 随便 suíbiàn 300
□ 岁数 suìshu 438
□ 所 suǒ 611
□ 所以 suǒyǐ 583
□ 所有 suǒyǒu 374

Ⓣ

□ 它 tā 365
□ 台 tái 607
□ 太极拳 tàijíquán 427
□ 太太 tàitai 017
□ 态度 tàidu 446
□ 糖 táng 269
□ 趟 tàng 620
□ 讨论 tǎolùn 312
□ 套 tào 616
□ 特点 tèdiǎn 440
□ 提高 tígāo 495
□ 题 tí 199
□ 题目 tímù 126
□ 体育 tǐyù 425
□ 体育馆 tǐyùguǎn 176
□ 替 tì 504
□ 条件 tiáojiàn 542
□ 跳 tiào 147
□ 跳舞 tiào▾wǔ 243
□ 贴 tiē 067
□ 听见 tīng▾jiàn 408
□ 听力 tīnglì 350
□ 听说 tīng▾shuō 407
□ 听写 tīngxiě 389
□ 挺 tǐng 325
□ 通知 tōngzhī 309
□ 同时 tóngshí 046
□ 同事 tóngshì 023
□ 痛快 tòngkuai 211
□ 偷 tōu 150
□ 突然 tūrán 377
□ 土豆 tǔdòu 265
□ 推 tuī 061
□ 腿 tuǐ 433
□ 脱 tuō 066

Ⓦ

□ 完成 wán▾chéng 500
□ 完全 wánquán 329
□ 晚会 wǎnhuì 363
□ 网 wǎng 191
□ 网站 wǎngzhàn 192
□ 往往 wǎngwǎng 331
□ 忘记 / 忘 wàngjì/wàng 488
□ 危险 wēixiǎn 212
□ 为 wéi 555
□ 围巾 wéijīn 453
□ 伟大 wěidà 053
□ 为 wèi 370
□ 为了 wèile 371
□ 未来 wèilái 035
□ 温度 wēndù 462
□ 文章 wénzhāng 121
□ 问好 wèn▾hǎo 223
□ 问候 wènhòu 224
□ 握手 wò▾shǒu 225
□ 乌龙茶 wūlóngchá 340
□ 屋子 wūzi 186
□ 误会 wùhuì 400

Ⓧ

□ 西餐 xīcān 253
□ 西红柿 xīhóngshì 261
□ 希望 xīwàng 318
□ 习惯 xíguàn 445
□ 洗衣机 xǐyījī 115
□ 系 xì 195
□ 下来 xià▾lai 567
□ 下面 xiàmiàn 590
□ 下去 xià▾qu 566
□ 显得 xiǎnde 556
□ 现代 xiàndài 034
□ 相同 xiāngtóng 216
□ 相信 xiāngxìn 399
□ 香 xiāng 292
□ 香蕉 xiāngjiāo 268
□ 香皂 xiāngzào 110
□ 箱子 xiāngzi 111
□ 详细 xiángxì 297
□ 想法 xiǎngfa 527
□ 像 xiàng 165
□ 橡皮 xiàngpí 094
□ 消息 xiāoxi 129
□ 小孩儿 xiǎoháir 001
□ 小说 xiǎoshuō 123
□ 校园 xiàoyuán 193
□ 笑话 xiàohua 124

□ 血 xiě 435
□ 辛苦 xīnkǔ 144
□ 心情 xīnqíng 447
□ 新年 xīnnián 086
□ 新闻 xīnwén 128
□ 新鲜 xīnxian 295
□ 信封 xìnfēng 101
□ 信用卡 xìnyòngkǎ 100
□ 星星 xīngxing 464
□ 醒 xǐng 071
□ 兴趣 xìngqù 421
□ 幸福 xìngfú 549
□ 性格 xìnggé 439
□ 姓名 xìngmíng 436
□ 兄弟 xiōngdì 021
□ 需要 xūyào 320
□ 许多 xǔduō 626
□ 选择 xuǎnzé 324
□ 学期 xuéqī 197
□ 学院 xuéyuàn 194

Y

□ 严格 yángé 057
□ 严重 yánzhòng 056
□ 研究 yánjiū 391
□ 盐 yán 270
□ 演出 yǎnchū 394
□ 演员 yǎnyuán 026
□ 要求 yāoqiú 319
□ 要是 yàoshi 578
□ 钥匙 yàoshi 106
□ 也许 yěxǔ 413
□ 页 yè 125
□ 一切 yíqiè 373
□ 一下子 yíxiàzi 333
□ 一般 yìbān 376
□ 一边 yìbiān 595
□ 一些 yìxiē 627
□ 以内 yǐnèi 598
□ 以上 yǐshàng 596
□ 以外 yǐwài 599
□ 以为 yǐwéi 557
□ 以下 yǐxià 597
□ 艺术 yìshù 551
□ 意见 yìjian 528
□ 意义 yìyì 529
□ 因此 yīncǐ 581
□ 因为 yīnwei 582
□ 阴 yīn 138
□ 印象 yìnxiàng 541
□ 樱花 yīnghuā 467
□ 迎接 yíngjiē 226
□ 赢 yíng 247
□ 影响 yǐngxiǎng 493
□ 硬 yìng 133
□ 永远 yǒngyuǎn 412
□ 用功 yònggōng 209
□ 优秀 yōuxiù 054
□ 邮票 yóupiào 102
□ 油腻 yóunì 290
□ 游戏 yóuxì 552
□ 游泳池 yóuyǒngchí 178
□ 友好 yǒuhǎo 058
□ 有的 yǒude 282
□ 有些 yǒuxiē 283
□ 有用 yǒuyòng 060
□ 羽毛球 yǔmáoqiú 428
□ 雨伞 yǔsǎn 107
□ 雨衣 yǔyī 450
□ 语法 yǔfǎ 345
□ 语言 yǔyán 344
□ 玉米 yùmǐ 266
□ 预习 yùxí 393
□ 遇到 yùdào 218
□ 圆 yuán 140
□ 圆珠笔 yuánzhūbǐ 091
□ 原来 yuánlái 298
□ 原谅 yuánliàng 401
□ 原因 yuányīn 531
□ 院子 yuànzi 189
□ 约会 yuēhuì 219

Z

□ 再 zài 480
□ 赞成 zànchéng 310
□ 脏 zāng 296
□ 早晨 zǎochen 031
□ 怎样 zěnyàng 281
□ 增加 zēngjiā 168
□ 展览 zhǎnlǎn 396
□ 站 zhàn 181
□ 长 zhǎng 229
□ 掌握 zhǎngwò 315
□ 丈夫 zhàngfu 015
□ 照顾 zhàogù 238
□ 照相机 zhàoxiàngjī 118
□ 这边 zhèbiān 277
□ 这样 zhèyàng 279
□ 真正 zhēnzhèng 381
□ 正常 zhèngcháng 382
□ 正确 zhèngquè 383
□ 政府 zhèngfǔ 506
□ 政治 zhèngzhì 507
□ 知识 zhīshi 354
□ 职员 zhíyuán 022
□ 只好 zhǐhǎo 473
□ 只是 zhǐshì 474
□ 只要 zhǐyào 579
□ 只有 zhǐyǒu 580
□ 中餐 zhōngcān 254
□ 中间 zhōngjiān 601
□ 中心 zhōngxīn 600
□ 钟 zhōng 096
□ 钟头 zhōngtóu 033
□ 终于 zhōngyú 409
□ 重要 zhòngyào 379
□ 周末 zhōumò 045
□ 周围 zhōuwéi 548
□ 主要 zhǔyào 380
□ 祝贺 zhùhè 250
□ 专业 zhuānyè 196
□ 装 zhuāng 065
□ 字典 zìdiǎn 120
□ 自动铅笔 zìdòng qiānbǐ 092
□ 自己 zìjǐ 284
□ 自来水 zìláishuǐ 275
□ 自然 zìrán 458
□ 自由 zìyóu 511
□ 总是 / 总 zǒngshì/zǒng 332
□ 最好 zuìhǎo 416
□ 最后 zuìhòu 041
□ 尊敬 zūnjìng 491
□ 左右 zuǒyòu 602
□ 作 zuò 553
□ 作品 zuòpǐn 122
□ 作为 zuòwéi 554
□ 作用 zuòyòng 530
□ 做梦 zuò▾mèng 072

[日本語50音順]

見出し語に登場する語彙の主な日本語訳を、品詞に関わらず 50 音順にまとめました。それぞれの語彙の右側にある数字は見出し語番号を表しています。

あ

□ あいさつする 224
□ 会う 217
□ 会う約束をする 219
□ 明るい 139
□ 上がって行く 564
□ 上がって来る 565
□ 握手する 225
□ 朝 031
□ 浅い 135
□ 脚 433
□ 足 434
□ 味わう 079
□ 頭 431
□ 辺り 594
□ あちら 278
□ あっさりしている 289
□ あのような 280
□ 油っこい 290
□ 雨傘 107
□ アメリカドル 519
□ 表す 308
□ 現れる 498
□ ある一部（の） 283
□ あるいは 420
□ あるもの 282
□ 安心する 484
□ （観光などで）案内する 161

い

□ 以下 597
□ 以外 599
□ いきなり 333
□ 意義 529
□ 意見 528
□ 以上 596
□ 以前 038
□ 偉大である 053
□ 一生懸命勉強する 209
□ いったい 410
□ 一方 595
□ いつも 332
□ いつも 330
□ 以内 598
□ 入れる 065
□ 祝う 250
□ 印象 541
□ インターネット 191
□ インターネットに接続する 237

う

□ ウーロン茶 340
□ 上 589
□ 動く 152
□ （色や味が）薄い 294
□ （歌うのが上手）469
□ 美しい 049
□ 美しい 050
□ 腕時計 095
□ 運転する 228
□ 運動場 202

え

□ 永遠に 412
□ 影響する 493
□ 駅 181
□ 得る 321
□ 演じる 395

お

□ オートバイ 204
□ 往々にして 331
□ 応接間 187
□ 多く 626
□ 大皿 104
□ 起き上がる 576
□ 起きる 070
□ 置時計 096
□ 奥さん 017
□ 叔父 020
□ （母方の）おじいさん 018
□ おしゃべりをする 301
□ 押す 061
□ お互いに 414
□ 夫 015
□ 夫、妻（配偶者） 014
□ 男 005
□ 男の子 003
□ 踊る 243
□ 驚く 485
□ 各～（おのおの） 367
□ （母方の）おばあさん 019
□ おばさん 010
□ 覚えている 487
□ 下りて行く 566
□ 下りて来る 567
□ 終わる 499
□ 温度 462
□ 女 006
□ 女の子 004

か

□ カード 098
□ カード 099
□ 会 361
□ ～階 618
□ ～回 620
□ ～回 621
□ ～回 622
□ ～回 623
□ ～回 624
□ 会議 362
□ 解決する 314
□ 階段 184
□ 会話をする 303
□ 帰って行く 572
□ 帰って来る 573
□ 科学 131
□ かぎ 106
□ 書き取りをする 389
□ 確実である 378
□ 芳しい 292
□ （大学の）学部 195
□ 駆け足をする 244
□ 果汁 342
□ 数 356
□ 硬い 133
□ 勝つ 247
□ 学期 197
□ 学校が始まる 386
□ 勝手気ままである 300
□ 家庭 524
□ 可能である 210
□ かばん 097
□ 雷 463
□ カメラ 118
□ 科目 610
□ ～かもしれない 413
□ カラオケ 424
□ ガラス 112
□ 体を動かす 241
□ 変わる 502
□ 考え 527
□ 環境 459
□ 関係 540
□ 感謝する 489
□ 感じる 559
□ 関心を持つ 492
□ 完成する 500
□ 感動する 252
□ 頑張る 251

き

□ 記憶する 486
□ 気温 461
□ 期間 089
□ 企業 526
□ 危険である 212
□ 機嫌を伺う 223
□ 聞こえる 408
□ 技術 132
□ 気性 444
□ 季節 085
□ 北 592
□ ギター 422
□ 鍛える 245
□ 汚い 296
□ 切手 102
□ 機能 530
□ 厳しい 057
□ 希望する 318
□ 気持ち 447
□ キャンパス 193
□ 休暇を取る 160
□ 急に 335
□ 給料 516
□ 教育する 390
□ 教師 025
□ 兄弟 021
□ 強調する 402
□ 興味 421
□ 気楽である 208
□ 緊張している 207

く

□ ～句 603
□ 空気 460
□ 草 466
□ ～口 617
□ 国 505
□ 区別する 317
□ 曇っている 138
□ ぐらい 602
□ （仕事などが）苦しい 144
□ クレジットカード 100
□ 加える 167
□ 詳しい 297

け

□ ゲーム 552
□ 計画 550
□ 経験 448
□ 経済 512
□ 警察官 030
□ 計算する 166
□ 芸術 551
□ 消しゴム 094
□ 結果 364
□ 決定する 313
□ 欠点 442
□ ～軒 611
□ 原因 531
□ 研究する 391
□ 言語 344
□ 検査する 235
□ 現代 034

こ

□ （色や味が）濃い 293
□ 公演する 394
□ 口語 349
□ 高校 201
□ 幸福 549
□ 誤解する 400
□ 故郷 190
□ 小皿 103
□ こする 064
□ （はけ·ブラシなどで）こする 073
□ ごちそうする 220
□ こちら 277
□ 子供 001
□ このような 279
□ ゴミ 119
□ 米 258
□ 怖がる 397
□ 今後 040
□ 困難 535

さ

□ 最後 041
□ 最初に 334
□ （インターネットの）サイト 192
□ ～さえすれば 579
□ 作品 122
□ サクラ 467
□ 砂糖 269
□ ～皿 619
□ 騒ぐ 069
□ 騒ぐ 403
□ ～さん 007
□ ～さん 008
□ 賛成する 310
□ 散髪する 164

し

□ 試合 430
□ 試合する 246
□ 塩 270
□ しかし 418
□ しかし 419
□ 時間 033
□ 時期 088
□ 市場 513
□ 自然 458
□ 下 590
□ 時代 087
□ ～したばかりである 411
□ 実現する 497
□ 字典 120
□ 児童 002
□ 死ぬ 230
□ 自分 284
□ 事務室 185
□ 氏名 436
□ シャープペンシル 092
□ 社会 510
□ ジャガイモ 265
□ ～首 606
□ 自由 511
□ 習慣 445
□ 住所 171
□ 十分に 328
□ 週末 045
□ 重要である 379
□ 熟している 291
□ 出張する 162
□ 首都 508
□ 主要な 380
□ 順調である 299
□ 乗客 028
□ 状況 537
□ 条件 542
□ 正真正銘の 381
□ 使用する 562
□ 小説 123
□ 商品 109
□ しょうゆ 271
□ 将来 036
□ 勝利する 249
□ 情報 129
□ 職員 022
□ 食品 256
□ （未婚の）女性 009
□ ショッピングセンター 174
□ 調べる 145
□ 信号機 183
□ 深刻である 056
□ 診察する 234
□ 新出単語 352
□ 新鮮である 295
□ 新年 086
□ 心配する 483
□ 新聞 127
□ 人口 522
□ 人民 521
□ 人民元 517
□ 信用する 399

す

□ 酢 272
□ 水道 275
□ 吸う 076
□ 数学 355
□ 数字 357
□ 数量 358
□ すぐに 336
□ すぐに 477

□ すごい 205
□ 少し 327
□ 進める 404
□ （能力や成績が）素晴らしい 051
□ （人物や作品などが）素晴らしい 052
□ 全て 373
□ 全ての 374
□ ～するのが最もよい 416
□ ～するほかない 473

㋝

□ 性格 439
□ 生活 525
□ 世紀 090
□ 生産する 157
□ 正常である 382
□ 政治 507
□ 成績 198
□ 声調 348
□ 成長する 229
□ 政府 506
□ 西洋料理 253
□ せきをする 232
□ 石けん 110
□ ～セット 616
□ 説明する 307
□ 世話を焼く 238
□ 専攻 196
□ 洗濯機 115
□ 選択する 324
□ 全部 544

㋞

□ 増加する 168
□ 掃除する 075
□ 卒業する 387
□ その上 587
□ その後 039
□ その実 471
□ そのため 581
□ そのほか 285
□ それ 365
□ それから 588
□ 尊敬する 491

㋟

□ 体育 425
□ 体育館 176
□ 太極拳 427
□ 大使館 179
□ 態度 446
□ ～台 607
□ 台所 188
□ 対話する 304
□ 倒れる 153
□ 高める 495
□ だから 583
□ タクシー 203
□ ～だけでなく 585
□ ～だそうだ 407
□ ただ 584
□ ただ～だけが～ 580
□ ただ～だけだ 474
□ 正しい 383
□ 他人 286
□ タバコを吸う 077
□ たぶん 417
□ 試す 385
□ 足りる 156
□ 単科大学 194
□ 段 605

㋠

□ 血 435
□ 地域 170
□ 地球 457
□ 知識 354
□ 父親 011
□ ちゃんと 475
□ 中央 600
□ 中学 200
□ 忠告する 316
□ 中国料理 254
□ 長所 441
□ ちょうどよい 059
□ 聴力 350
□ チョコレート 274
□ ちょっと 627

㋡

□ ～対 615
□ ついでに 415
□ ついに 409
□ 痛快である 211
□ 通過する 496
□ 通知する 309
□ 使う 561
□ 作る 553
□ 妻 016
□ （気持ちが）つらい 206

㋢

□ テーマ 126
□ （ばったり）出会う 081
□ （人や物に）出くわす 218
□ 手伝う 078
□ 手伝う 227
□ 手続き 543
□ 手に入れる 322
□ 手配する 221
□ 手袋 455
□ 出て行く 570
□ 出て来る 571
□ ～ではあるが 586
□ 展示する 396
□ 店主 024
□ 電灯 113

㋣

□ 同一である 216
□ 同時 046
□ 道中 169
□ 動物 468
□ トウモロコシ 266
□ 同僚 023
□ 討論する 312
□ ～と思う 557
□ ～と思う 558
□ 通り 180
□ 通り過ぎて来る 575
□ 特徴 440
□ ～とする 555
□ ～とする 554
□ 突然である 377
□ とても 325
□ どの～も 366
□ 跳ぶ 147
□ トマト 261
□ 取り消す 501
□ どんな 281
□ どんな 288

㋤

□ 内容 539
□ 流れる 154
□ なくす 068
□ ナス 264
□ ～など 287
□ なんと 326

㋥

□ （受身文に用いて）～に…される 369
□ 二胡 423
□ 日程 048
□ 似ている 165
□ 日本円 518
□ ～に向かって 372
□ ニュース 128
□ 庭 189

㋦

□ 脱ぐ 066
□ 盗む 150

㋧

□ ネクタイ 452
□ 値段 515
□ 熱が出る 233
□ 熱烈である 214
□ 眠い 143
□ 年齢 437
□ 年齢 438

㋨

□ ノート 093
□ 能力 449

□ 能力がある 055
□ ～の代わりをする 504
□ ～のため 371
□ ～のために 370
□ ～のために 582
□ のど 432
□ 登る 148
□ （まるで）～のようだ 406
□ ～のように見える 556

は

□ （夜に開く）パーティー 363
□ ～倍 625
□ 入って行く 568
□ 入って来る 569
□ 俳優 026
□ パオズ 273
□ 白菜 263
□ 博物館 177
□ 派遣する 163
□ 箱 111
□ 運ぶ 083
□ パスワード 359
□ 発音 346
□ 発見する 323
□ 発生する 405
□ 発展する 494
□ バドミントン 428
□ 話す 302
□ 花茶 341
□ バナナ 268
□ 離れる 151
□ 離れて行く 574
□ 母親 012
□ （速く走る） 470
□ 貼る 067
□ バレーボール 426
□ 晴れている 137
□ 歯を磨く 074
□ ハンカチ 108
□ 反対する 311
□ 半日 042
□ 番組 130

ひ

□ 日 047
□ ～匹 612
□ （弦楽器を弓で）弾く 062
□ 美術 360
□ 引っ越す 084
□ 必要である 320
□ 人々 520
□ 批判する 490
□ 病気になる 231
□ （現代中国語の）標準語 343
□ 広場 182
□ 瓶 105
□ ピンイン 347

ふ

□ ファストフード 255
□ 風景 465
□ 封筒 101
□ プール 178
□ 深い 136
□ （強い風が）吹く 155
□ 複雑である 215
□ 2つ 628
□ 普段 043
□ 普段 044
□ 普通である 376
□ 普通でない 213
□ 普通の 375
□ ぶつかる 080
□ 部分 545
□ ぶらぶら歩く 146
□ 文 351
□ 文章 121
□ 文法 345

へ

□ ページ 125
□ 部屋 186
□ ベルト 454
□ ～編 604
□ 変化 538
□ 返事をする 306
□ 返答する 305
□ 弁護士 029

ほ

□ 方向 547
□ 方法 534
□ 方面 546
□ 放送する 240
□ 豊富である 142
□ 訪問する 222
□ 貿易 514
□ ボールペン 091
□ ポケット、袋 451
□ 星 464
□ ホテル 172
□ ほとんど 472
□ ～本 609
□ ～本 614
□ 本棚 114
□ 翻訳する 392

ま

□ ～間 608
□ 前 591
□ 曲がる 149
□ 負ける 248
□ まさに～だ（強調を表す） 478
□ マスク 456
□ 貧しい 141
□ 町 509
□ 間違い 536
□ 間違っている 384
□ 全く 329
□ マフラー 453
□ マラソン 429
□ まるい 140
□ 周り 548
□ 満足する 482
□ 真ん中 601

み

□ ミカン 267
□ 南 593
□ 身につける 315
□ ミネラルウォーター 337
□ 未来 035
□ 民族 523

む

□ 迎える 226

め

□ ～名 613
□ 目が覚める 071
□ メニュー 257
□ 麺 259
□ 麺 260

も

□ もう 479
□ 目的 532
□ 目標 533
□ もし 577
□ もし 578
□ 持ち上げる 063
□ 目下 037
□ もっと 480
□ 元の 298
□ 催す 242
□ 問題 199

や

□ 役に立つ 060
□ 野菜 262
□ 休みになる 159
□ 破れる 503
□ 軟らかい 134

ゆ

□ （沸騰した）湯 276
□ 夕方 032
□ 友好的である 058
□ 優秀である 054
□ 譲る 560
□ ゆっくりと 476
□ 夢を見る 072
□ 許す 401

よ

□ 要求する 319
□ よく知っている 398
□ 予習する 393
□ ～より 368

ら

□ ラジオ 116

り

□ 理解する 481
□ 留学する 388
□ 両親 013
□ 利用する 563
□ 旅館 173
□ 緑茶 339

れ

□ レインコート 450
□ レコーダー 117
□ レストラン 175
□ レベル 353
□ 連絡する 236

ろ

□ 労働者 027
□ 浪費する 158
□ 録音する 239

わ

□ ワイン 338
□ 忘れる 488
□ 渡す 082
□ 笑い話 124
□ （個人の）悪い癖 443

聞いて覚える中国語単語帳

キクタン

中国語

【初級編】

中検4級レベル

発行日	2021年4月21日(初版)/2024年8月26日(6刷)
監修者	内田慶市(関西大学名誉教授)
	沈国威(関西大学名誉教授)
著者	氷野善寛(目白大学外国語学部中国語学科准教授)
	紅粉芳惠(大阪産業大学国際学部教授)
	海暁芳(関西大学文化交渉学博士　北京市建華実験学校)
編集	株式会社アルク出版編集部、竹内路子(株式会社好文出版)
アートデレクター	細山田光宣
デザイン	柏倉美地(細山田デザイン事務所)
イラスト	大塚犬
ナレーション	姜海寧、北村浩子
音楽制作・編集	Niwaty
録音	galette studio(高山慎平)
DTP	新井田晃彦(有限会社共同制作社)、洪永愛(Studio H2)
印刷・製本	TOPPANクロレ株式会社
発行者	天野智之
発行所	株式会社アルク
	〒141-0001 東京都品川区北品川6-7-29 ガーデンシティ品川御殿山
	Website：https://www.alc.co.jp/

・落丁本、乱丁本は弊社にてお取り替えいたしております。
Webお問い合わせフォームにてご連絡ください。
https://www.alc.co.jp/inquiry/

・定価はカバーに表示してあります。
・訂正のお知らせなど、ご購入いただいた書籍の最新サポート情報は、
以下の「製品サポート」ページでご提供いたします。
製品サポート：https://www.alc.co.jp/usersupport/

PC：7021032　ISBN：978-4-7574-3685-5